CATALOGUE

DE LA COLLECTION

DE

DESSINS

ESTAMPES

Anciennes et Modernes

LIVRES A FIGURES ET SUR LES ARTS

PORTRAITS PEINTS, CHRIST EN IVOIRE, ETC.

COMPOSANT LE CABINET

DE FEU M. SIMON

— ⁓ —

M^c **DELBERGUE-CORMONT**, Commissaire-Priseur,
rue de Provence, 8,

Assisté de M. **CLEMENT**, Marchand d'Estampes de la Bibliothèque Impériale,
rue des Saints-Pères, 3.

— ⁓ —

PARIS

RENOU ET MAULDE

IMPRIMEURS DE LA COMPAGNIE DES COMMISSAIRES-PRISEURS
Rue de Rivoli, 144

1862

Le goût des beaux-arts est aujourd'hui très-répandu
en France : il y a peu de personnes aisées qui ne possè-
dent quelques productions artistiques; tableaux, dessins
de maître, gravures rares, ou l'un de ces mille objets que
l'on est convenu d'appeler des curiosités. Les collections
particulières ne se comptent plus, les ventes d'objets d'art
n'ont jamais été plus suivies, les prix plus élevés, les
acheteurs plus nombreux, et cependant on entend dire
partout qu'il y a moins d'amateurs qu'autrefois. C'est que
tout le monde n'accorde pas la même signification au
mot amateur.

Il ne faut pas remonter à cinquante ans en arrière pour
trouver une génération d'hommes, distingués par leur
goût et leur savoir, recherchant, comme on le fait aujourd'hui, les merveilles enfantées par le génie de nos

artistes, mais les recherchant d'une autre manière et en jouissant davantage. Uniquement préoccupés de l'art, ils l'acceptaient sous toutes les formes, et laissaient entrer dans leurs cabinets tout ce qui était beau ; successeurs des curieux du dix-huitième siècle, ils se montraient fidèles aux traditions de cette belle époque de la curiosité. Ils n'avaient pas ce désir fiévreux de possession qui s'est emparé des acheteurs modernes, et la dernière idée qui leur serait venue à l'esprit eût été de vendre leur collection ou de penser à en tirer profit. Les cabinets qu'ils ont laissés nous montrent que leurs connaissances étaient aussi étendues que variées ; les remarques, souvent très-fines, que l'on trouve dans les catalogues des ventes de cette époque ont plusieurs fois été copiés sur leurs notes ou communiquées par eux.

La collection de dessins et d'estampes que l'on présente aux enchères aujourd'hui, a été faite par un des derniers représentants de cette classe d'amateurs.

M. Auguste Simon, né à Tours en novembre 1776, était fils d'un négociant de cette ville. Après de bonnes études faites au collége de Juilly, il vint à Paris, et fut admis au nombre des élèves du génie des travaux publics, établissement qui devint plus tard l'École polytechnique, mais il ne persévéra pas dans cette voie ; cependant il conserva toujours un goût décidé pour les sciences exactes. Quelques années plus tard, il étudia la médecine; maître, de bonne heure, d'une fortune indépendante, ses études furent seulement spéculatives et il n'exerça jamais. Il était lié d'amitié avec les hommes de son temps qui se sont le plus distingués dans toutes les diverses parties des sciences physiques, non-seulement il n'oublia pas ce qu'il avait appris en leur compagnie, mais jusqu'à la fin de sa vie il se tint soigneusement au courant des découvertes modernes.

C'est beaucoup plus tard qu'il commença à rechercher des estampes. Comme tous ceux qui ont étudié les sciences, M. Simon dessinait un peu. Cela lui donna occasion d'acheter quelques gravures pour modèle; or, tous ceux qui ont fouillé dans des portefeuilles de gravures savent que cet exercice donne naissance à une sorte de fièvre de possession des choses que l'on voit. Cela ne manqua pas d'arriver à notre nouvel amateur. Ce ne sont pas toujours des merveilles que les premiers achats d'un homme qui débute dans la curiosité, beaucoup ne s'en souviennent qu'en rougissant un peu. Puis le goût s'épure, on devient *connaisseur*. M. Simon n'a pas échappé à cet apprentissage; mais le goût des beaux-arts se développa très-rapidement chez lui, et il n'y eut qu'un temps très-court entre ses premiers achats, véritables emplettes d'écolier, consistant en paysages de médiocres qualités, mais bien

choisis sous le rapport de la composition, et le moment
où, plus instruit, il acheta les premiers beaux dessins qu'il
ait possédés.

Depuis ce moment jusqu'à la fin de sa vie, M. Simon
n'a pas cessé de rechercher des estampes et des dessins.
Il fut bientôt compté au nombre des amateurs les plus
intelligents. Homme de loisir, n'ayant pas d'occupation
obligée, il assistait régulièrement aux ventes faites à l'hô-
tel Bullion. C'est, au reste, ce que faisaient tous les anciens amateurs; leur présence dans la salle des enchères
ne changeait presque rien au résultat de la vente, comme
pourraient le croire les marchands de nos jours. Alors
les belles pièces avaient un cours, pour ainsi dire, normal,
on savait ce qu'il fallait dépenser pour avoir une belle
eau-forte de Rembrandt, ou un portrait exceptionnel de
Nauteuil, ou un Lucas de Leyde, ou un Albert Durer, ou
un Berghem, ou un dessin de Ruysdaël, ou un dessin d'Ostade. Les prix des belles estampes ne variaient pas de dix
pour cent d'une vente à l'autre. Chacun sait qu'il en est
autrement aujourd'hui. C'est en suivant les ventes de l'hô-
tel Bullion que M. Simon a garni ses portefeuilles lente-
ment, pièce à pièce, attendant qu'il ait bien admiré une
acquisition avant d'en faire une seconde, n'achetant que
ce qu'il connaissait parfaitement et n'ayant de parti pris, ni
pour les maîtres, ni pour les écoles. Il faut bien que

j'ajoute cependant que les amateurs de cette époque n'avaient pas les goûts raffinés, la délicatesse des amateurs de nos jours, devenus plus difficiles. Ainsi ils attachaient peu d'importance à la conservation d'une estampe. Une belle épreuve mal conservée se vendait presque aussi bien que dans le plus bel état de conservation. Les pièces que je décris dans ce catalogue montreront, jusqu'à l'évidence, le peu d'attention que l'on accordait alors à ces choses-là. Enfin je ne ferais pas connaître M. Simon entièrement, si je ne disais que son cabinet a toujours été ouvert à tous ceux qui l'ont désiré, artiste ou amateur. Sa bienveillance, sous ce rapport, est connue de tout le monde. Chacun connaît l'échange, très-désintéressée, qu'il a fait, avec la Bibliothèque impériale, de la belle pièce du Jugement de Pâris, par Marc-Antoine; on en trouvera l'historique au n° 395. Il est probable que sa générosité ne se serait pas borné à cet échange si, malgré son grand âge, la mort ne l'avait pas surpris.

Ce serait ici le lieu de citer, selon la coutume, quelques-unes des belles pièces qui vont figurer dans cette vente; mais le lecteur que cela intéresserait pourra se satisfaire facilement en parcourant le catalogue. Je dirai cependant quelques mots de plusieurs dessins de ces œuvres les plus remarquables.

Parmi les dessins, il faut d'abord citer les deux beaux dessins d'Ostade, décrits sous les numéros 45 et 46. Cet artiste, célèbre par ses tableaux, ne l'est pas moins par le fini et la beauté de ses dessins coloriés ; leur mérite et leur prix égalent souvent et quelquefois surpassent le prix de ses tableaux. Ces dessins avaient été faits à Amsterdam, pour Sennepart, amateur distingué ; plus tard, le bourgmestre Jonas Witsen en fit l'acquisition en masse, ce qui les rendit très-rares pendant longtemps. A la mort de Jonas Witsen, ces dessins furent dispersés.

On sait que les plus beaux dessins d'Ostade ont été faits de 1670 à 1675 ; or, des deux dessins que nous annonçons ici, l'un a été fait en 1672 et l'autre en 1675 ; ils sont donc du meilleur temps du maître. Ils ont toutes les qualités de ses plus beaux dessins, et je ne crois pas qu'il soit possible d'en trouver de plus beaux. Il est probable qu'ils viennent l'un et l'autre du cabinet de Jacob de Vos.

Ostade est aussi très-estimé comme graveur à l'eau-forte ; la spirituelle exécution de ces eaux-fortes peut les faire regarder comme autant de dessins. Son œuvre se compose de cinquante pièces ; celui que nous annonçons ici les renferme toutes, et plusieurs d'entre elles se trouvent sous plusieurs états. J'ai détaché d'un essai de catalogue raisonné de l'œuvre d'Ostade, maintenant sous presse, les descriptions minutieuses de ces divers états. Je l'ai fait pour rendre facile aux amateurs la comparaison de ce qu'ils ont avec ce que nous annonçons.

Je dois mentionner aussi plusieurs dessins de Berghem, maître que M. Simon affectionnait tout particulièrement, un très-beau dessin de Ruysdaël, un dessin capital de Greuze et une très-belle réunion de dessins de Boissieu. Il n'y a que trois dessins de Rembrandt, mais ils sont d'une belle qualité. Enfin un petit dessin de Mieris est d'une fraîcheur éblouissante.

Quant aux gravures, toutes sont de belles épreuves, mais pour quelques-unes, en petit nombre, la conservation n'est pas toujours parfaite. Les œuvres d'Albert Durer, de Van Ostade, de Della Belle, de Herman d'Italie, de Jean Both, sont d'une belle conservation. Dans l'œuvre d'Albert Durer, la pièce d'*Adam et Ève* est d'une beauté exceptionnelle et les gravures en bois ne peuvent se trouver plus belles. Dans l'œuvre de Van Ostade, on remarquera la *Musicienne,* épreuve avant le fond ; le *Charcutier*, épreuve à l'eau-forte pure, d'une rareté extrême. Il y a bien d'autres belles pièces, mais on ne peut pas tout citer.

J'ai corrigé toutes les fautes que j'ai pu apercevoir dans le peu de temps qui m'a été laissé, mais je ne suis

pas de ceux qui ne font pas de fautes, donc je demande
grâce pour celles que je n'ai pas vues.

J'ai annoncé, sous le n° 133, le portrait de Bossuet,
par Drevet; ma description pourrait faire croire que c'est
une épreuve de premier état, ce n'est qu'une épreuve
de deuxième état, sans aucun point et avec le mot Tre-
censis.

FAUCHEUX.

CATALOGUE

DES

ESTAMPES & DESSINS

COMPOSANT LE CABINET DE FEU

M. SIMON

DESSINS

DÉSIGNATION

BACCIO BANDINELLI

Peintre et sculpteur, né à Florence, en 1487, mort en 1559.

1 — *Jésus sur la croix.*

Le Christ, mort, a la tête penchée sur l'épaule droite;
les muscles sont savamment indiqués. Dessin à la plume
d'un beau caractère. 385 millimètres de large sur
256 de haut.

Mariette, si sobre de notices sur les maîtres flamands
et hollandais, parle au contraire avec complaisance des
maîtres italiens ; voici ce qu'il dit de Bandinelli dans le
catalogue Crozat : « La manière de dessiner du Baccio
« est très-savante, et telle qu'on devait l'attendre d'un
« maître qui était profond dans la structure du corps
« humain et de tous ses mouvements, mais cette ma-
« nière est aussi par trop austère. Les imitateurs outrent

« presque toujours la manière qu'ils prennent pour
« modèle, et Bandinelli est tombé dans cet excès ; il
« a choisi Michel-Ange pour son guide ; mais, unique-
« ment touché de la science avec laquelle ce grand
« maître a fait paraître les muscles, il a réduit à cette
« partie toutes ses études et n'a plus fait de figure qui
« ne fût un Hercule. »

Le dessin décrit plus haut justifie pleinement les remarques de Mariette : ce n'est point Jésus, c'est Hercule
crucifié. Ce dessin a été gravé.

BARBIERI, DIT LE GUERCHIN (JEAN-FRANÇOIS)

Peintre, né à Cento en 1591, mort en 1666.

2 — *Une Vierge tenant l'Enfant Jésus dans ses bras.*

Très-beau dessin au crayon rouge. Il vient des
collections Claussin et Ménageot. 270 millimètres de
large sur 370 de haut.

« L'on ne dira point que le Guerchin soit un dessi-
« nateur correct ; il s'en faut beaucoup ; il plaît cepen-
« dant autant qu'un dessinateur plus sévère. C'est que
« ses contours sont coulants et de chair, que ses compo-
« sitions sont grandes et nobles et qu'il y a dans la dis-
« tribution de son clair obscur une intelligence et des
« effets merveilleux. »

Cette note de Mariette sur le Guerchin semble avoir
été faite pour le dessin que je viens de décrire.

BERGHEM (NICOLAS)

Peintre et graveur à l'eau-forte, né à Harlem en 1624, mort dans la même ville en 1683.

3 — *Un Paysage, au crayon, lavé d'encre de Chine.*

A droite on voit un homme et une femme ; près
d'eux il y a un bœuf, un mouton et une chèvre gardés
par un chien. Plus loin, un homme conduit des bœufs
qui traversent un pont, et au delà il y a un groupe de

rochers couronnés par une construction. A gauche de beaux arbres. Et au-dessous : *Berchem*, 1656. Ce dessin a 215 millimètres de largeur sur 155 de hauteur.

4 — *Un autre Paysage, faisant le pendant du précédent et, comme lui, fait au crayon et lavé d'encre de Chine.*

A gauche on voit un cours d'eau sur lequel est jeté un pont très-léger; sur ce pont passe un homme conduisant des ânes. Dans le fond à droite, il y a des maisons derrière lesquelles on voit de beaux arbres, et sur le devant un homme et un enfant accompágnés d'un chien. Au-dessous, on lit : *Berchem*, 1656. Mêmes dimensions que le précédent.

Ces deux dessins sont d'une très-belle exécution et d'un goût parfait. Ils ont coûté 1,000 francs chacun.

5 — *Un autre Paysage, au bistre.*

A droite on voit une femme assise tenant un enfant dans ses bras; à ses pieds deux moutons sont couchés; un homme, debout devant elle, lui parle; il est en partie caché par une vache sur laquelle il s'appuie. Près de cet homme se trouve un âne. A gauche il y a des moutons couchés, et, au loin, un enfant et un chien; plus à gauche encore, on voit une porte sur le seuil de laquelle il y a un chien et à côté un âne dont on ne voit que la tête. Au bas, à droite, on lit : *Berchem f.*, 1655. Ce dessin a 270 millimètres de largeur et 192 de hauteur. Il a été gravé par Corneille Wischer.

6 — *Un autre Paysage, au bistre.*

A droite il y a un jeune berger conduisant deux moutons et une chèvre; près de lui on voit un homme à cheval, conduisant deux bœufs et parlant à une jeune fille debout au milieu du dessin; elle est accompagnée d'un chien qui s'élance devant elle. A gauche, un peu plus loin, il y a une tour. Très-beau dessin ; il a 350 millimètres de large sur 247 de haut. Il a été gravé par J. Wischer. (Voir le n° 168 de ce catalogue.)

7 — *Un autre Paysage, au crayon noir.*

A droite, une jeune fille à cheval, devant elle un lévrier ; à la droite de la jeune fille, un peu en arrière, un homme aussi à cheval tient dans ses mains une musette ; derrière ce groupe il y a un berger gardant des chèvres. A gauche on voit un homme qui traverse un gué, conduisant un âne et un bœuf. Dans le fond un massif d'arbres à peine indiqués. Dessin très-légèrement fait, quelques coups de crayon seulement ; excepté le groupe de la jeune fille, le reste est fait avec rien. Il a 310 millimètres de largeur sur 210 de hauteur.

C'est le premier dessin acheté par M. Simon ; c'était vers 1815, et il lui a coûté 100 francs. Il est rare qu'un amateur puisse garder ses premières emplettes, avec le temps le goût s'épure et on brise ce qu'on avait adoré ; ce n'est point ce qui est arrivé à M. Simon, qui a pu se faire honneur de ses premiers achats comme des derniers.

8 — *Une Chasse au cerf.*

Des cavaliers, armés de lances, poursuivent un cerf traqué par un chien. Au bas, à droite, on lit : *Berchem.* Dessin à la sanguine sur papier blanc. Largeur 205 millimètres, hauteur 212.

BERTIN (Jean-Victor)

Peintre, né à Paris en 1775, mort dans la même ville en 1842.

9 — *Paysage* (Fixé).

Un paysage dans le style du Poussin. Sur le devant on voit un berger vêtu à l'antique ; ses moutons sont

autour de lui. Il parle à une bergère assise. Les figures
ont un centimètre de hauteur. Ce petit *fixé* est dans
une bordure de 105 millimètres de diamètre.

BESSA (Pancrace)

Peintre de fleurs, né à Paris en 1772.

10 — *Un Bouquet de fleurs.*

C'est un bouquet composé d'une branche de jacin-
the bleue à fleurs doubles, d'une branche de narcisse
et d'une très-belle tulipe, sur les feuilles de laquelle
repose un papillon. Les fleurs sont très-bien groupées,
et les couleurs ont la beauté et la vigueur de l'huile.
360 millimètres de large sur 490 de haut.

Pancrace Bessa, peintre de fleurs, était élève de
Van Spaendonck et de Redouté. Il était peintre du Muséum d'histoire naturelle. Il a donné des leçons à la
duchesse de Berry et a fait, pour l'*Herbier de l'amateur*, plus de 600 dessins, qui étaient conservés dans
la bibliothèque de cette princesse.

BIDAULT (Jean-Joseph-Xavier)

Peintre, né à Carpentras en 1758, mort à Montmorency en 1846.

11 — *Paysage.*

Un *fixé* représentant une chute d'eau , et près d'elle
une maison. Deux hommes et une femme sont sur le
bord de la rivière. Coloris très-harmonieux. Ce petit
fixé est placé dans un cadre circulaire de 95 millimètres
de diamètre.

BOISSIEU (Jean-Jacques de)

Peintre, dessinateur et graveur à l'eau-forte, né à Lyon en 1736, mort dans la même
ville en 1810.

12 — *Entrée du village de Lantilly, près de Lyon.*

Dessin à l'encre de Chine, parfaitement lavé, remarquable par la transparence des ombres et le relief des

figures; c'est un des plus beaux dessins du maître.
Comme cela arrive ordinairement dans les dessins de
Boissieu, les ciels ne sont pas faits. Au bas, à gauche,
on lit : *J. J. D. Boissieu*, 1801. Ce dessin a été gravé,
par le maître, en 1804; la gravure est connue sous
le nom des *Petits Maçons*. Elle a valu à l'auteur les
plus grands éloges de la part des premiers artistes
de Paris, dit M. Dugas-Montbel dans le catalogue de
l'œuvre de Boissieu qu'il a publié à la suite de son
éloge. Ce dessin vient de la collection Claussin; il a
360 millimètres de largeur sur 215 de hauteur.

13 — *Paysage avec personnages et animaux.*

A gauche on voit un groupe de trois personnes assises auprès d'un tronc d'arbre; l'une d'elles parle à un
homme monté sur un âne et conduisant deux bœufs;
au loin on voit un homme sur un cheval qui galope; à
droite il y a un beau groupe d'arbres. 380 millimètres
de largeur sur 215 de hauteur. Très-beau dessin acheté
à la vente Révil. Il n'a pas été gravé.

14 — *La porte de Vaise, à Lyon.*

Dessin légèrement colorié au lavis, d'un ton très-
agréable. A gauche sur le devant, un homme à cheval
fait abreuver trois bœufs; plus loin il y a des rochers
derrière lesquels on voit des arbres; une croix se
trouve sur le chemin qui conduit à la porte de Vaise.
Vers le milieu du dessin on voit la tour de la porte
garnie de ses tourelles; un homme traverse le pont
jeté sur le fossé. Au bas, à droite sur le devant, il y a
un bateau dans lequel sont des lavandières. Le dessin
a 332 millimètres de largeur et 245 de hauteur.

Rien n'est plus joli que ce dessin, beaucoup plus fini,
plus travaillé que les dessins ordinaires du même maître.
Il a été gravé, et la gravure est connue sous le nom des
Petites Vaches. Il vient du cabinet de M. Claussin.

15 — *Paysage.*

Il représente un homme conduisant deux ânes et des moutons ; l'homme est armé d'un bâton qu'il tient levé, et un chien l'accompagne. Dessin à l'encre de Chine fait d'après une gravure de Berghem ; il a 230 millimètres de largeur sur 160 de hauteur.

16 — *Les Charpentiers.*

Dessin légèrement colorié, d'une grande finesse d'exécution. Il a été gravé par de Boissieu. 390 millimètres de large sur 260 de haut.

17 — *L'île Barbe sur la Saône, à une lieue de Lyon.*

Beau dessin à l'encre de Chine. A droite on lit : *D. B.*, 1782 ; les deux lettres sont groupées en monogramme. Ce dessin a été gravé par le maître ; il a 353 millimètres de largeur sur 200 de hauteur.

18 — *La Soirée villageoise.*

Dessin dans lequel l'auteur a voulu imiter la manière de Rembrandt, sans y avoir bien réussi. Vigoureusement teinté de noir et légèrement rehaussé de blanc, ce dessin représente toute une famille uniquement éclairée par la lueur du foyer ; il y a des effets de lumière fort remarquables. Le dessin a 300 millimètres de largeur sur 230 de hauteur.

19 — *Paysage.*

Beau dessin à l'encre de Chine, rehaussé de blanc. Il représente des animaux au pâturage. Un bœuf, deux chevaux, quelques moutons sont gardés par un enfant et un chien ; les animaux sont faits avec une grande perfection. A gauche il y a un groupe d'arbres d'un bel effet. Ce dessin, fait d'après un tableau de Karl Dujardin, qui est au Musée Impérial (n° 245 du catalogue), a été gravé par Laurent ; la composition en est excellente. Il a 240 millimètres de largeur et 290 de hauteur.

20 — *Vache couchée.*

Une vache, tournée à droite, est couchée près de son veau. Dessin à l'encre de Chine ; il a été gravé par Claussin. 282 millimètres de large sur 175 de haut.

21 — *Un Ane broutant un chardon.*

Dessin au bistre, collé sur carton. Largeur, 147 millimètres ; hauteur, 89.

Les dessins de Boissieu sont généralement bien composés et d'un style sévère, chose remarquable pour l'époque où cet artiste a vécu. Il fut toujours simple et vrai dans l'imitation de la nature, dit M. Dugas-Montbel dans l'Éloge de de Boissieu. Ses dessins, généralement faits à l'encre de Chine, sont lavés avec une grande perfection, et rendent bien le relief des objets qu'ils représentent.

Mlle **ROSA BONHEUR** (Attribué à).

Peintre.

22 — *Vaches au pâturage.*

Dessin au bistre. Sur le devant, à gauche, il y a un jeune pâtre assis sur un tertre à côté de son chien. Près de là, une vache est couchée et une autre debout. A droite, au loin, on voit deux autres vaches. Dans le bas, à droite, il y a *Rosa B.*, 1846. Largeur, 284 millimètres ; hauteur, 171.

BOTH (Jean)

Peintre et graveur à l'eau-forte, né à Utrech en 1619, mort dans la même ville en 1650.

23 — *Paysage.*

Dessin à l'encre de Chine. A gauche il y a deux hommes dont l'un est monté sur un âne, et l'autre conduit un bœuf ; à droite on voit un beau groupe d'arbres. Sur un rocher, on lit : *J. Both.* Le J et le B sont liés en forme de monogramme. Ce dessin, d'une très-belle composition, est un vrai diamant. Il a 272 millimètres de largeur sur 200 de hauteur.

BOURGEOIS (Florence-Fidèle-Constant)

Peintre, né à Paris en 1707, mort dans la même ville.

24 — *Le pont Lamentano.*

Sur le bord de l'eau, deux femmes lavent du linge; une troisième se retire, emportant son linge sur la tête. Le pont, sur le second plan, occupe toute la largeur du dessin. A gauche, on lit : *C¹ Bourgeois,* 1811. Au bistre.

CUYP (Albert)

Peintre, né à Dort en 1606.

25 — *Animaux.*

Dessin au crayon noir. A droite, une vache debout, et derrière elle une vache couchée. A gauche, on voit deux moutons et plus loin un cheval. Au bas, à droite : *A. Cuyp.* Largeur, 192 millimètres; hauteur, 134.

DEMARNE (Jean-Louis)

Peintre et graveur, né à Bruxelles en 1744, mort à Batignolles en 1829.

26 — *Paysages.*

Deux charmants petits *fixés,* d'une très-belle couleur; ce sont deux paysages avec personnages et animaux; dans l'un d'eux on voit un champ de blé d'une imitation parfaite. Ils sont placés dans des cadres circulaires dont l'un a 80 millimètres de diamètre et l'autre 100 millimètres. On sait que l'on nomme *fixé* un petit tableau à l'huile, ordinairement peint sur taffetas, et que l'on fixe avec un peu de gomme à une glace qui sert alors de vernis au tableau.

DYCK (Antoine Van)

Peintre et graveur à l'eau-forte, né à Anvers en 1599, mort à Londres en 1641.

27 — *Portrait de Guillaume de Vos.*

Très-beau dessin au crayon noir; il a été gravé. On voit sur le papier les carreaux du graveur, mais très-légèrement. Il a 190 millimètres sur 252 de hauteur.

EECKHOUT (Gerbrandt Van Den)

Peintre et graveur à l'eau-forte, né à Amsterdam en 1621, mort dans la même ville en 1674.

28 — *Portrait du maître par lui-même.*

Dessin au crayon noir légèrement teinté d'encre de Chine. L'artiste s'est représenté en buste, regardant en face, coiffé d'une toque, avec un vêtement ample et garni de fourrures. Les deux mains, croisées l'une sur l'autre, sont appuyées sur une table. Dans le haut du dessin, à droite, il y a *G. V. D. Eeckhout N.*, 1647.

Ce dessin a 200 millimètres de largeur sur 260 de hauteur.

EVERDINGEN (Albert Van)

Peintre et graveur, né à Alkmaarten en 1621, mort dans la même ville en 1675.

29 — *Paysage maritime.*

A gauche, on voit un château et, auprès, une église au milieu d'un bouquet d'arbres. Sur le devant, un homme dans une barque pêche à la ligne. Sur une grosse pierre, non loin de là, on lit : AVE. Plus à droite, on voit trois autres pêcheurs; près d'eux, il y a une femme et un enfant. Dans le lointain, on aperçoit une barque.

Très-beau dessin à la plume, lavé de bistre ; il a 300 millimètres de large sur 180 de haut.

GREUZE (Jean-Baptiste)

Peintre, né à Tournus en 1726, mort à Paris en 1805.

30 — *L'Accordée de village.*

Dessin à l'encre de Chine, très-largement fait. C'est
la première idée du tableau qui est au Musée et avec
lequel il y a cependant quelques différences, mais très-
légères et seulement dans les choses secondaires. On
sait que le tableau a été gravé par Flipart; il est donc
inutile de décrire le dessin. Il a 494 millimètres de large
sur 350 de haut.

31 — *Un Portrait de chanoine.*

On ne voit que la tête et la naissance des épaules;
le modelé est parfait. Dessin ovale au crayon rouge.
150 millimètres de haut sur 115 de large.

LANTARA (Simon-Mathurin)

Peintre de paysages, né à Oncy en 1729, mort à Paris à l'hôpital de la Charité en 1778.

32 — *Paysage.*

A gauche, un moulin dont on ne voit que la roue; il
est entouré de constructions parmi lesquelles il y a une
tour très-basse; au-dessus de cette tour, on voit un
arbre. Plus loin, il y a une seconde tour plus élevée et,
en arrière-plan, des maisons situées sur le penchant
d'une colline. A droite il y a un pont jeté sur la rivière
qui fait tourner le moulin; en avant du pont se trouve
une barque garnie de voiles. Dans le lointain, on distingue une ville; sur le bord, à droite, une ruine dont
on ne voit qu'une colonne surmontée de son chapiteau
corinthien; elle est masquée en partie par un tronc
d'arbre. A gauche, au bas, on lit : *Lantara*. Dessin au
crayon noir rehaussé de blanc, sur papier gris. Largeur, 255 millimètres; hauteur, 196 millimètres.

33 — *Paysage.*

Sur le devant, à gauche, un homme portant une hotte est assis contre un rocher situé sur le bord d'une route ; il parle à une femme qui est debout près de lui. Vers le milieu, et au second plan, deux cavaliers s'avancent sur la route qui se perd dans le fond à droite après avoir traversé une arche naturelle formée par des rochers. Dans le lointain, à gauche, on voit un pont conduisant à une ville. Sur le devant, à droite, il y a un arbre presque dégarni de branches, et au-dessous, écrit à l'encre : *Lantara*. Dessin au crayon noir rehaussé de blanc, sur papier gris. 270 millimètres de large sur 215 de haut.

LANTARA (Attribués à)

34 — *Paysage au crayon noir.*

A droite, des rochers ; à gauche, une maison et une église. Au bas, à gauche, *Lantara*. Largeur, 230 millimètres ; hauteur, 173.

— *Paysage à la mine de plomb.*

Sur le devant, à droite, on voit les premières maisons d'un village. A gauche, une rivière sur laquelle il y a un pont de bois, et dans le fond, une ville. Ce dessin est collé sur un carton. Largeur, 180 millimètres ; hauteur, 120.

LEROY (Sébastien)

Peintre, né à Paris.

35 — *Scène d'intérieur.*

Une mère donne le sein à son enfant. Dessin au bistre, d'après Rembrandt. Largeur, 118 millimètres ; hauteur, 133.

— Le petit Mendiant, d'après Murillo.

Dessin au bistre. Largeur, 94 millimètres ; hauteur, 113.

MIÉRIS (GUILLAUME VAN)

Peintre et sculpteur, né à Leyde en 1662, mort dans la même ville en 1747.

36 — *Suzanne et les Vieillards.*

Suzanne nue, à genoux, supplie les vieillards dont l'un lui touche le sein et l'autre enlève un voile qui la couvrait. La figure suppliante de Suzanne, le masque de satyre que l'artiste a donné aux vieillards, sont d'une expression remarquable. Dans le fond, on voit un jardin et au delà un palais. A gauche, sur le devant, il y a un bassin orné de dauphins et d'amours; sur le bord de ce bassin, on lit : *W. M. Mieris.* 1691. 110 millimètres de large sur 140 de haut.

Dessin colorié sur vélin, d'un fini précieux, d'une fraîcheur et d'une conservation extraordinaires. Il a été payé 1,000 fr.

MOUCHERON (ISAAC)

Peintre et graveur à l'eau-forte, né à Amsterdam, mort dans la même ville en 1744.

37 — *Paysage.*

Sur le premier plan, un berger, assis sur une pierre et appuyé sur un tronc d'arbre, est entouré de ses moutons gardés par son chien ; un ruisseau coule près de là et occupe toute la largeur du dessin. A gauche, on voit un très-bel arbre, et en arrière-plan plusieurs autres arbres bien groupés. Dessin parfaitement colorié et d'une grande fraîcheur. Au bas, vers le milieu, on lit : *Moucheron fecit.* Largeur 340 millimètres sur 230 de hauteur.

37 bis. — *Paysage.*

A gauche, on voit de beaux arbres et une terrasse à laquelle on monte par un escalier de cinq degrés. La rampe est ornée d'une urne antique. Au milieu du dessin, on voit trois personnes assises ; à gauche, une quatrième personne s'avance vers les premières. A droite, il y a des ruines sur le premier plan ; plus loin, une femme ayant un chien près d'elle, porte un vase sur la tête. Du même côté, mais tout à fait au bas, on lit : *Moucheron fecit.*

Dessin légèrement coloré de bistre rehaussé de blanc. Il est plus largement fait que les travaux ordinaires du même artiste. 165 millimètres de large sur 228 de haut.

NICOLLE (Victor-J.)

Peintre à l'aquarelle, dessinateur et graveur à l'eau-forte, né vers 1760.

38 — *Vue de la colonne Antonine.*

C'est aussi une vue de la *Piazza Colonna*, sur laquelle se trouve la colonne Antonine, que Sixte V fit restaurer en 1589 par le chevalier Fontana, et sur laquelle on plaça la statue de saint Paul, en bronze doré. Au milieu du dessin, on voit la fontaine qui orne la place. Au pied de la colonne, un charlatan, monté sur un théâtre, est entouré de nombreux spectateurs. A droite, un marchand d'estampes a couvert une muraille de ses gravures qui sont examinées par des moines et des abbés. A gauche, un bouquiniste a étalé ses livres sur un trottoir ; plusieurs amateurs les examinent ; ils cherchent un diamant dans la boue ; cela ne se passe pas autrement à Paris. L'architecture des maisons qui entourent la place est bien dessinée. Sur la place, il y a plus de cent personnages.

Aquarelle d'une conservation parfaite. 540 millimètres de large sur 372 de haut.

39 — *Vue de la colonne Trajane.*

C'est aussi une vue de la place sur laquelle elle se trouve (Forum de Trajan). A droite, il y a une église.

Sur la place, un improvisateur est entouré de la foule. Çà et là divers personnages. A gauche, sur une pierre, on lit : *V.-J. Nicolle.* Très-beau dessin colorié, pendant du précédent ; il a 545 millimètres de large sur 378 de haut.

On sait que la colonne Trajane, comme la colonne Antonine, fut restaurée par le chevalier Fontana, sur l'ordre de Sixte V. Par un contre-sens ridicule, on plaça la statue de saint Pierre sur cette colonne destinée à conserver le souvenir d'événements militaires.

Les dessins de Nicolle, en général fort beaux, seraient plus recherchés s'ils étaient moins communs ; mais on n'en trouverait pas facilement deux de l'importance de ceux que je viens de décrire.

40 — *Ruines d'une église.*

On voit une église dont les voûtes sont effondrées ; le sol est couvert de pierres, les plantes et les arbustes croissent de toutes parts et jusqu'au sommet des piliers restés debout. Au milieu de ces ruines, un visiteur, un archéologue sans doute, fait lever une nuée d'oiseaux. Dessin très-bien colorié. 182 millimètres de large sur 257 de haut.

41 — *Vues de Rome.*

Ces vues, au nombre de trois, représentent diverses places ou monuments de Rome ; ce sont des médaillons de 72 millimètres de diamètre ; les places sont couvertes de petites figures dont quelques-unes n'ont pas deux millimètres de hauteur.

Ces petits dessins sont supérieurement coloriés.

42 — *Vue de Rome.*

A droite, on voit la rue Julia, et à gauche une partie des jardins de la Farnésine. Le Tibre est au milieu. Dessin colorié, collé sur un carton. Longueur ; 311 millimètres, hauteur, 200.

— *Vue d'Italie.*

A droite, une rue passant sous plusieurs arcades ; à gauche, plusieurs maisons. Dessin colorié, collé sur un carton. Largeur, 309 millimètres ; hauteur, 201.

— *Ruines.*

On voit des ruines d'une église dont il ne reste qu'un mur percé de fenêtres en ogive. Au milieu, un homme s'avance vers une porte que l'on voit dans le fond, à gauche. Dessin colorié, collé sur carton, avec filets d'or. Longueur, 220 millimètres ; hauteur, 164.

43 — *Un Ermitage.*

Une jeune fille, à genoux devant un autel situé dans une grotte. Auprès d'elle un moine, assis, dit son chapelet. A gauche, au milieu de la hauteur, il y a *V.-J. Nicolle.* Dessin colorié, collé sur carton. Longueur, 120 millimètres ; hauteur, 178.

— *Un Autel rustique.*

Jeune fille à genoux devant un autel placé sous un hangar ; sur l'autel, il y a une Vierge, et autour, des *ex voto.* A gauche, au milieu de la hauteur, il y a *V.-J. Nicolle.* Dessin colorié, collé sur un carton. Largeur, 122 millimètres ; hauteur, 178.

OMMEGANCK (BALTHASAR-PAUL)

Peintre, né à Anvers en 1755, mort dans la même ville en 1826.

44 — *Mouton et Chèvre.*

Dessin à l'encre de Chine, représentant un mouton et une chèvre couchés. Dans le lointain, à gauche, on voit un homme qui traverse un gué ; il est monté sur un âne et en conduit un autre. Dans le fond sont des groupes d'arbres. A gauche, au bas, on lit : *B.-P. Ommeganck ;* le B et le P sont entrelacés et forment un monogramme. Largeur, 312 millimètres, hauteur, 275.

Ce dessin, très-terminé, est le plus beau que l'on connaisse d'Ommeganck.

On sait que cet artiste fit partie, en 1814, de la commission chargée de nous enlever les tableaux réclamés par la Belgique.

OSTADE (Adrien Van)

Peintre et graveur à l'eau-forte, né à Lubeck en 1610, mort à Amsterdam en 1685.

45 — *Les Joueurs de trictrac.*

Sous un toit de chaume, devant un cabaret, deux joueurs sont à table entourés de buveurs et de fumeurs dont l'un est assis sur une corbeille renversée. A gauche, un homme debout, les mains appuyées sur la table, semble juger les coups. Sur le seuil de la chaumière, on voit le maître et la maîtresse du cabaret. Une treille élève ses pampres au-dessus du toit; à gauche, dans le lointain, il y a un groupe de trois personnes, et plus loin encore, des maisons. Au bas, à droite, on lit : *A. Ostade*, et au-dessous : 1673; à côté de cette date il y a une pipe cassée. Ce dessin, arrêté à la plume et colorié, est parfait d'exécution et d'une conservation admirable. Il vient de la vente Claussin, n° 47 du catalogue, où il a été vendu 1,199 fr. Il a 200 millimètres de large sur 235 de haut.

46 — *Scène de cabaret.*

Plusieurs hommes sont assis autour d'une table sur laquelle se trouvent un pot de bière et des pipes. Un de ces hommes attire sur ses genoux une femme qui a un verre à la main. A droite, sur le second plan, un homme est appuyé sur une perche qui forme balustrade. Plus loin, il y a encore d'autres groupes de buveurs. A gauche, en arrière-plan, il y a deux enfants qui jouent aux billes, et, derrière eux, un homme sans lequel un tableau flamand ne serait pas complet. Du même côté, mais tout au bas, on lit : *A. Ostade.* 1675. Dessin à la plume et colorié comme le précédent, auquel il fait pendant; il vient aussi de la vente Claussin, n° 48, où il a été vendu 1,280 fr. Haut., 193 millimèt.; larg., 230.

Il est impossible de voir un coloris plus frais, une lumière plus limpide que celle que l'on trouve dans ces deux beaux dessins. On sait que, en général, le dessin de Van Ostade est un peu lourd et que ses figures gagneraient à être moins ramassées; mais, dans leur grossièreté, elles sont très-spirituelles. Vers 1750, un amateur hollandais possédait une belle suite de dessins coloriés de ce maître; il est très-probable que les deux pièces que je viens de décrire faisaient partie de sa collection.

PATEL (A.-F.)

Peintre du xviie siècle, dont on ne connaît ni la date de la naissance ni celle de la mort.

47 — *Paysage.*

A gauche, en arrière-plan, on voit un temple antique; au milieu du dessin, il y a des arbres, et auprès deux bergers et des moutons errant parmi les rochers. Tout à fait au bord, un voyageur (le fils de Tobie?), accompagné d'un ange qui le guide, s'avance vers la droite; un chien court devant eux. A droite, en arrière-plan, on voit des moulins, et un édifice considérable, auprès duquel se trouvent plusieurs personnages microscopiques; sur le devant il y a un pont grossièrement fait avec des troncs d'arbres et soutenu avec des perches; sur ce pont, passent des voyageurs à peine visibles tant ils sont petits. Une rivière, sur laquelle on voit deux bateaux, coule vers le spectateur; sur le bord de la rivière, il y a un pêcheur accompagné d'une femme. Tous les personnages sont vêtus à l'antique. Au bas, à droite, on lit : *A. F. Patel*, 1692.

Très-joli dessin à la gouache, d'une belle couleur, harmonieux et d'une conservation parfaite ; les laques sont aussi vives que le premier jour. Il a 225 millimètres de large sur 163 de haut.

— *Paysage.*

Sur le devant, à droite, un ange, tenant un long bâton à la main, parle à un voyageur qui est debout près de lui. A gauche, on voit des voyageurs montés sur des chameaux, et, dans le lointain, de nombreux troupeaux. Le paysage est couvert de beaux arbres. Dessin à la gouache, très-finement colorié, pendant du précédent. Largeur, 216 millimètres ; hauteur, 161.

48 — *Paysage.*

Scène d'hiver. A droite, des maisons entourées d'arbres ; sur le devant, un ponceau que vient de traverser une femme. A gauche, dans le lointain, on voit la mer couverte de barques ; sur le bord, une ville, et dans le milieu de l'estampe, une grosse tour. Largeur, 270 millimètres ; hauteur, 153.

— *Paysage.*

Scène d'hiver, pendant du précédent. A gauche, on voit des hommes qui patinent sur une rivière gelée ; un peu plus loin, il y a un pont, et dans le fond, une ville. Sur le devant, à droite, il y a un temple en ruine, et au-delà, d'autres ruines vers lesquelles on monte par un escalier. Ces deux dessins à la gouache, très-finement coloriés, sont collés sur carton. Largeur, 270 millimètres ; hauteur, 151.

49 — *Paysage.*

Sur le devant, à gauche, on voit deux hommes assis, et devant eux une femme debout portant une corbeille sur la tête ; sur le second plan, en haut d'un monticule et derrière de beaux arbres, il y a un temple. A droite, de l'eau et un beau lointain. Au milieu, au bas, on lit : *P. Patel*, 1656. Dessin à la gouache et finement colorié; il est collé sur un carton. Largeur, 211 millimètres. hauteur, 154.

PERELLE (GABRIEL)

Graveur à l'eau-forte, né à Vernon au commencement du XVIIe siècle, mort à Paris vers 1675.

50 — *Vue de la pointe orientale de l'île Notre-Dame, à Paris.*

Dessin à la plume, collé sur carton. Largeur, 273 millimètres; hauteur, 175.

REMBRANDT (PAUL)

Peintre et graveur à l'eau-forte, né à Leyde en 1608, mort à Amsterdam en 1669.

51 — *L'Enfant prodigue.*

Dessin à la plume lavé de bistre, très-largement fait. Au milieu, un vieillard vénérable, vêtu d'une longue robe, reçoit dans ses bras l'enfant prodigue qui s'est précipité à ses pieds. A gauche un jeune enfant regarde cette scène d'un air attendri. Magnifique dessin fait avec quelques traits de plume. Il a 230 millimètres de large sur 187 de haut.

52 — *Un autre dessin du même maître, représentant un lion couché, tourné à gauche.*

Dessin à la plume lavé de bistre. Il paraît que le lion était debout quand l'artiste a commencé le dessin, car, sur la droite du papier, il y a la queue et une partie du dos de l'animal, puis ces traits ont été abandonnés pour représenter le lion couché. Il a 170 millimètres de largeur sur 80 de hauteur.

53 — *Le Baiser de Judas.*

Au milieu du dessin, on voit un groupe de trois personnages : le Christ qui est le plus à gauche, disant à Judas qui s'avance vers lui en se baissant pour l'embrasser : *Amice*, *ad quid venisti*, et, plus près du spectateur, un homme qui tient une lanterne à la hauteur de sa tête pour éclairer la figure des acteurs de cette scène; à droite, une troupe de soldats s'avance, précédée d'un homme tenant une lanterne.

Ce dessin a toutes les qualités que Mariette attribuait à Rembrandt, mais il n'en a pas les défauts. Voici ce que dit Mariette : « Il s'en faut beaucoup que ce maître ait connu la justesse des proportions et la noblesse des expressions; il ne s'attachait qu'à l'effet du clair obscur; ce n'est pas cependant ce qu'il paraît avoir recherché le plus dans ses dessins. » Dans notre dessin, les effets de lumière sont merveilleux, et, comme le dit Mariette, on voit que Rembrandt s'y est attaché; mais les groupes sont bien disposés : la figure du Christ et celle de l'homme qui tient la lanterne sont très-expressives; enfin les personnages sont bien proportionnés.

C'est un dessin arrêté à la plume, lavé de bistre et de terre d'ombre, rehaussé de blanc. Il a 275 millimètres de large sur 245 de haut.

RIGAUD (Hyacinthe)

Peintre de portraits, né à Perpignan en 1559, mort à Paris en 1743.

54 — *Portrait de Bossuet.*

C'est la copie du tableau de Rigaud, faite par le maître lui-même, pour la gravure de Drevet. C'est un beau dessin, certainement, et plusieurs amateurs très-compétents affirment qu'il est bien de Rigaud; cependant, malgré l'avis de si bons juges, on ne peut examiner ce dessin longtemps sans se demander s'il est

bien du maître auquel on l'attribue. Il a 290 millimètres de large sur 430 de haut. (V. le n° 133).

RUYSDAEL (JACQUES)

Peintre et graveur à l'eau-forte, né à Harlem vers 1630, mort dans la même ville en 1631.

55 — *Paysage.*

Dessin à l'encre de Chine ; à gauche on voit deux
beaux arbres, à droite un bosquet auprès duquel se
trouve une maison dont on ne voit que le toit ; plus près
du spectateur il y a un berger suivi d'un enfant et conduisant un troupeau. Tout à fait sur le devant du dessin il y a de l'eau sur laquelle flotte une barque
282 millimètres de largeur sur 182 de hauteur. C'est un
des beaux dessins du maître.

56 — *Entrée d'un bois.*

Dessin à l'encre de Chine. On voit à gauche la lisière
d'un bois et à droite un chemin qui monte en tournant
et entre dans le bois. Ce très-beau dessin vient de la
vente Révil, où il a coûté 1,700 fr. Il a 315 millimètres
de largeur sur 200 de hauteur. Il a été gravé par
M. Bléry. (Voir le n° 92.)

57 — *Paysage.*

A gauche, on voit un beau buisson du milieu duquel
s'élance un arbre parfaitement embranché. A droite,
au loin, on voit d'autres groupes d'arbres. Dessin à
la plume, légèrement colorié. 200 millimètres de large
sur 147 de haut.

SWANEWELT (HERMAN).

Peintre et graveur à l'eau-forte, né à Voerden en 1620, mort à Rome en 1690.

58 — *Paysage.*

Dessin à la plume rehaussé d'encre de Chine et de
bistre. A droite il y a un groupe d'arbres sous lesquels
on voit un homme étendu sur le sol et qui semble

mort; près de lui un lion qui vient le flairer; dans le fond un âne s'en allant tranquillement la bride sur le cou. A gauche, dans le lointain, il y a un château situé au bas d'une colline. A droite, dans le bas du dessin, on lit : *H. Swanewelt. Fa. Romæ*, 1636. Ce dessin a 307 millimètres de largeur sur 210 de hauteur. Il provient de la vente Révil.

THIÉNON
Peintre né à   mort à Paris.

59 — *Vue du pont Salare, sur le Tibre.*

A droite, sur le bord du fleuve, deux femmes et un homme sont assis et parlent à une autre personne qui est debout près d'eux ; un peu plus loin, il y a un homme dans une barque. Le pont, très-bien fait, occupe le second plan dans toute la largeur du dessin. Au loin, on voit une barque montée par plusieurs hommes. Bistre ; 304 millimètres de large sur 195 de haut.

M. Thiénon a publié plusieurs vues de Rome et des environs. Je crois que ce dessin a été gravé parmi les pièces qu'il a publiées.

60 — *Paysage*

Un pont sur lequel passent plusieurs personnes. Au bas, à gauche, il y a la signature de l'artiste. Dessin au bistre, collé sur carton avec filets d'or. Largeur, 275 millimètres ; hauteur, 128.

— *Maison de garde, dans un parc.*

Sur le balcon, il y a une femme parlant à un enfant qui court sur la pelouse, poursuivi par un chien. Dessin au bistre. Largeur, 254 millimètres ; hauteur, 197,

— *Porte de Saint-Paul-aux-Trois-Fontaines, à Rome.*

Dessin au bistre. Largeur, 144 millimètres ; hauteur. 89.

— *Paysage.*

Un torrent se précipite à travers des rochers escarpés, sur l'un desquels on voit deux peintres. Dessin au bistre. Largeur, 193 millimètres ; hauteur, 157.

— *Vue d'un Parc.*

Il y a un pavillon auquel on monte par un escalier garni d'une rampe. Au bas, à gauche, la signature de l'artiste. Dessin au crayon noir. Largeur, 360 millimètres ; hauteur, 245.

TIEPOLO (Jean-Baptiste)

Peintre et graveur à l'eau-forte, né à Vénise en 1607, mort à Madrid en 1770.

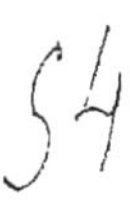

61 — *Paysage.*

A gauche, un arbre très-fièrement dessiné. Au milieu, au pied d'une montagne, on voit des constructions accompagnées de deux tours, et à droite, deux hommes assis. Dessin à la plume et au bistre. Largeur, 296 millimètres ; hauteur, 201.

VOLIGNY (de)

Dessinateur

62 — *Portrait de Pomponne de Reffuge.*

Chevalier de Saint-Louis, lieutenant général des armées du Roy, gouverneur de Charlemont. Dessiné à la plume par de Voligny, 1699. 170 millimètres de large sur 227 de haut.

Ce n'est que par un examen très-attentif que l'on découvre que c'est un dessin et non une gravure, mais c'est là tout le mérite de cette pièce. Il a fallu une patience extraordinaire et beaucoup de temps pour arriver à une aussi grande perfection. On connaît trois portraits comme celui-ci, faits par le même artiste. On les a vus passer plusieurs fois dans les ventes, et toujours ils ont été adjugés au prix de 38 francs. Celui-ci n'a pas coûté davantage.

ZUCCARELLI (François)

Peintre et graveur, né à Pitigliano en 170? (?), mort en 1788.

63 — *L'Orage*.

A droite, on voit des bestiaux, vivement chassés par leur gardien, s'enfuir vers une ferme qui est un peu plus loin sur une élévation. A gauche, un groupe de femmes effrayées sont blotties au pied d'un arbre dont les branches sont fortement courbées par l'ouragan; une autre femme se sauve vers la droite. Dans le fond, on voit plusieurs maisons.

Très-beau dessin, largement fait à la plume, lavé de bistre et rehaussé de blanc. L'exécution en est fière et hardie. 530 millimètres de large sur 365 de haut.

Les dessins de Zuccarelli sont rares; il n'y en avait pas un dans la collection Crozat. Le chiffre du maître, un F et un Z placés l'un sur l'autre, se trouve à droite.

WATTEAU

Peintre, né à Valenciennes en 1684, mort à Nogent, le 18 juillet 1721.

64 — *Tête de jeune fille*.

Dessin aux crayons rouge et noir. Cette jeune fille regarde à gauche; sur la même feuille, il y a une étude de main. Il existe un dessin, en contre-partie de celui-ci, mais beaucoup plus pâle; le nôtre est très-coloré; l'autre semblerait en être une contre-épreuve s'il n'y avait quelques légères différences. Ce dessin a 225 millimètres de hauteur sur 180 de largeur.

WILLE FILS (Pierre-Alexandre)

Peintre et graveur à l'eau-forte, né à Paris en 1748, mort dans la même ville.

65 — *La petite Javotte.*

Dessin au crayon noir. Très-jolie tête de paysanne, regardant de face ; coiffure des femmes de la campagne en 1770.

On raconte que lors du mariage de Louis XVI, on donna une dot à quelques jeunes filles de la campagne des environs de Paris. L'une d'elles, la plus jolie si le portrait est vrai, se présenta comme remplissant les conditions exigées. On lui demanda où était le mari : « *Mais,* répondit-elle, *j'ai cru qu'on en fournissait.* »

C'est la tête de cette jeune fille que Willele fils a dessinée. Son travail est très-soigné. Ce dessin a été gravé par G. Muller en 1771 (Voir le n° 314). A droite, on lit : *P.-A. Wille filius, del.* 1772. Largeur, 150 millimètres ; hauteur, 190.

WITRINGA (Guillaume)

Peintre, né à Leeuvarden en 1657, mort en 1721.

66 — *Une Marine, mer agitée.*

Plusieurs barques de pêcheurs luttent contre un coup de vent ; au loin, à gauche, on voit un vaisseau voiles déployées, et à droite un autre vaisseau penché sur le côté par le vent ; au bas, à droite, sur le rivage, un homme se maintient avec peine contre la tempête.

Dessin à l'encre de Chine. 275 millimètres de large sur 165 de haut.

Ce dessin a quelquefois été attribué à Backhuysen.

ARTISTES INCONNUS

67 — *Scènes de guerre.*

Deux dessins arrêtés à la plume et coloriés au pinceaux, combats entre des soldats français et des cosaques, par un artiste russe dont on n'a pu découvrir le nom. Au bas, le chiffre du dessinateur, avec la date 1813. Ils sont collés sur carton. 217 millimètres de large sur 162 de haut.

68 — *Paysage.*

Dessin à l'encre de Chine sur papier bleu; sur le devant on voit quelques personnages. Il est collé sur carton. 262 millimètres de large sur 142 de haut.

69 — *Paysage.*

Une jeune fille, montée sur un âne, indique un objet éloigné à un homme à pied qui est près d'elle. Cet homme est accompagné de deux chiens; devant eux il y a un bœuf, et à leur côté deux moutons. — A gauche et à droite il y a des voyageurs à cheval et à pied.

Ce dessin, un peu sec, est une copie de Berghem. 230 millimètres de large sur 146 de haut.

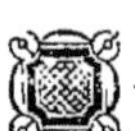

ESTAMPES

ALLAIS (Jean-Alexandre)

Graveur au burin et à l'aqua-tinta, né à Paris en 1792.

70 — *La Réprimande.*

Peint par Destouches. Gravé par J.-A. Allais. Gr. in-fol en hauteur.

BALECHOU (Jean-Joseph)

Graveur au burin, né à Arles en 1715, mort à Avignon en 1764.

71 — *Sainte Geneviève.*

Estampe gravée d'après Carle Vanloo. Épreuve du premier état, avec le collier blanc, avant que le jupon ait été augmenté et porté jusqu'au bâton de la quenouille, avant les armes, avant toutes lettres, noms d'auteur, titre et dédicace. Les marges sont belles et couvertes d'essai de burin.

72 — *La Tempête.*

Au bas, à gauche, il y a : *J. Vernet pinxit* ; à droite, *J.-J. Balechou sculp.*, et au-dessous : Dédié à Monseigneur Michel-Ferdinand d'Albert d'Ally, duc de Chaulnes, etc., etc., lieutenant de la compagnie des deux cents chevau-légers de la garde ordinaire, etc., par son très-humble et très-obéissant serviteur J.-J. Balechou.

Tiré du cabinet de M. Poulhariès, écuyer négociant à Marseille.

Cette estampe peut être regardée comme le chef-d'œuvre de Balechou. Notre épreuve est avant les contre-tailles sous l'arc-de-triomphe et sur le rocher qui est à droite, avec le nom *compagine* (au lieu de compagnie) à la cinquième ligne de la dédicace, avant les tailles sur la dédicace et avant l'adresse de Buldet.

BAUDET (Étienne)

Graveur au burin, né à Blois en 1591, mort à Paris en 1671.

73 — *Diogène jetant son écuelle.*

Grand paysage historique d'après Poussin. En bas, on lit : Le Poussin a peint sur le devant de ce tableau la rencontre que Diogène fit d'un jeune homme qui buvoit de l'eau d'une fontaine dans le creux de sa main, etc. (deux lignes et demie).

A gauche : P.-P.-N. Poussin. A droite : D. et G. par Est. Baudet, g. ord. du R. Aux gal. du Louvre, à Paris. 2.

C'est un des quatre grands paysages historiques peints par Poussin, gravés par Baudet et dédiés à Louis XIV ; les trois autres sont : *Orphée et Eurydice, Une Scène d'effroi, Polyphème et Galathée ; Diogène* porte le n° 2. Ce paysage a été gravé d'après le tableau que Poussin avait peint en 1648 pour M. de Lumagne, banquier de Gênes, tableau qui fut ensuite acheté par Louis XIV. Aujourd'hui il est au Loùvre.

BEAUVARLET (Jacques-Firmin)

Graveur au burin, né à Abbeville en 1731, mort à Paris en 1797.

74 — *Télémaque dans l'île de Calypso.*

D'après le tableau de J. Raoux, peint pour le Régent, et qui se trouve au Musée du Louvre.

1er état, avant toute lettre.

DELLA BELLA (ÉTIENNE)

Dessinateur et graveur à l'eau-forte, né à Florence en 1610, mort dans la même ville en 1664

75 — Son œuvre relié en quatre volumes in-fol., contenant 1560 pièces dont 360 doubles avec différences et quelques copies. Il a été acheté à la vente de M. Robert-Dumesnil faite en avril 1858; voici comme il était annoncé dans le catalogue :

« Cet œuvre, l'un des plus complets connus, renferme un assez grand nombre de morceaux inédits et aussi beaucoup d'épreuves en premiers états inconnus à Jombert ; toutes les pièces qui le composent sont très-belles et bien conservées ; un assez grand nombre vient de l'œuvre de Paignon d'Ijouval, cité comme l'un des plus remarquables ; quelques-unes aussi proviennent de l'œuvre de Mariette. »

Nous renverrons au catalogue Jombert pour la description de l'œuvre ; mais nous allons mentionner ici quelques-unes des raretés que renferme notre exemplaire (les numéros cités seront ceux du catalogue Jombert) et plusieurs pièces qui ne sont pas décrites par Jombert.

En tête de l'œuvre il y a quatre beaux dessins de La Belle, faits à la plume et au bistre. Parmi les estampes on remarque :

Saint Antoine (6). Pièce extrêmement rare.

Une suite de seize petites estampes (11). Très-rare.

Facétieuses inventions d'amour et de guerre pour le divertissement des beaux esprits (15).

Suite de douze pièces et le titre, d'un état non décrit par Jombert.

Description des fêtes faites à Florence pour la canonisation de saint André Cortini (22), d'un état inconnu à Jombert.

Vingt planches d'emblèmes ou devises (22). Suite extrêmement rare.

Entrée à Rome de l'ambassadeur de Pologne, en 1683. En six feuilles (28). Epreuve avant l'adresse. Etat inconnu à Jombert. Très-rare.

Sept pièces faites pour le livre suivant: *Maphæi S. R. E. card. Barberini, nunc Urbani P. P. VIII, Poëmata. Romæ*, M.DCC.XXXVII. In-4. Jombert n'a connu que quatre de ces pièces (37-41), et voici ce qu'il en dit: « Ces quatre pièces, des plus rares de La Belle, se « voient dans l'œuvre de ce maître appartenant à « M. Paignon d'Ijonval, et je ne les ai vues nulle part « ailleurs. »

Six planches pour la tragédie de Mirame (74). Rares.

Carlo Cantu, comédien italien (87). Très-rare.

Louis XIII à cheval (91).

Table du cri de guerre (98). Avant toute lettre, état inconnu à Jombert.

Montjoye Saint Denis. Une épreuve au trait seulement, et une avant le nom. Extrêmement rares.

La perspective du Pont-Neuf. Epreuve avant le coq sur le clocher de Saint-Germain-l'Auxerrois. Très-rare.

Les jeux des Fables, des Rois, des Reynes et de la Géographie, dans lesquels il y a plusieurs épreuves avant la lettre ou d'états non décrits.

Enfin un grand nombre de pièces moins importantes et qui ont été inconnues à Jombert.

Il serait très-difficile et peut-être impossible de rassembler aujourd'hui toutes les estampes qui composent cet œuvre; les collectionneurs seuls savent ce qu'il en coûte de temps, sans parler de plusieurs autres choses, pour former l'œuvre d'un maître.

76 — *Perspective du Pont-Neuf.*

Au-dessous on lit: *Ste. Della Bella Florentinus. In·e/ Fe et D. D. 1616. Cum priuilegio regis.* Très-belle épreuve avant le coq sur le clocher de Saint-Germain - l'Auxerrois.

Cette estampe, dit Jombert, est une des plus considérables de l'œuvre de La Belle par la multiplicité et la variété des figures qui s'y voient. Mariette, dans son *Abecedario*, dit que cette pièce a été publiée par François Langlois; c'est une erreur; la planche a été gravée et publiée à Paris par La Belle, qui l'a emportée avec lui à Rome, ainsi que la planche du Reposoir. Il l'a vendue ensuite à Collignon et celui-ci l'a cédée pour 300 fr. en marchandises à la veuve Langlois, qui devint plus tard la femme de Pierre Mariette. C'est ainsi que la planche de La Belle fit partie du fonds de Mariette. Elle existe encore aujourd'hui.

BERGHEM (Nicolas)

Peintre et graveur à l'eau-forte, né à Harlem en 1624, mort dans la même ville en 1683.

77 — *La Vache qui pisse* (B. 2).

Au milieu du bas de l'estampe, on lit: *C. P. Berghem inventor et fecit.*

Belle épreuve du second état, avant l'adresse de F. de Witt. On sait qu'il y a des épreuves avant le nom du maître.

78 — *Les trois Vaches au repos* (B. 3).

Une des belles estampes de Berghem. Elle est gravée d'une pointe spirituelle très-agréable. Épreuve d'un état non décrit par Bartsch. Elle est très-rare et peut-être unique.

79 — *Le Joueur de cornemuse* (B. 4).

Estampe connue sous le nom du *Diamant*. C'est une des plus belles et des plus finies de l'œuvre de Berghem. Les premières épreuves sont, comme celle-ci, avant la signature du maître. Elles sont très-rares.

80 — *L'Homme monté sur l'âne* (B. 5).

Au bas, à gauche de l'estampe, on lit: *Berghem, 1644.* Belle épreuve et d'une rareté extrême. Berghem avait vingt ans quand il a gravé cette pièce, et elle se ressent un peu de la jeunesse du graveur.

81 — *Le Pâtre jouant de la flûte* (B. 6).

Estampe rare. Belle épreuve.

SUJETS D'ANIMAUX, EN LARGEUR (B. 13-16).

82 — *La Vache couchée près celle qui est debout.* N° 1 de la suite.

83 — *Les Chevaux.* N° 2 de la suite.

84 — *La Vache couchée près de la Vache qui pisse.* N° 3 de la suite.

85 — *L'Ane.* N° 4 de la suite.

Très-belles et très-rares épreuves de premier état, avant les numéros et avant les inscriptions.

BALVAY (Jean-Guillaume), connu sous le nom de **BERVIC** (Charles-Clément)

Graveur au burin, né à Paris en 1756, mort dans la même ville en 1822.

86 — *Laocoon et ses enfants.*

Le groupe de Laocoon a été trouvé en 1506, dans les ruines du palais de Titus, sur le mont Esquilin, à Rome. C'est là que Pline l'avait vu. Cet auteur nous a fait connaître les noms des trois habiles sculpteurs à qui l'on doit ce chef-d'œuvre. Ils se nommaient Agésandre, Polydore et Athénodore.

A gauche, au bas, on lit : Dessiné par Bouillon ; à droite, gravé par Bervic, membre de l'Institut impérial de France. Imprimé par Rambon.

87 — *Le Centaure Nessus enlevant Déjanire.*

Au bas, à gauche, il y a : Peint par Guido Reni ; au milieu : Enregistré le 15 prairial an x ; à gauche : Gravé par Bervic ; et tout à fait au bas : Se vend à Paris, chez Bervic, galerie du Louvre, n° 12.

Epreuve avant l'inscription.

BLÉRY (Eugène-Stanislas-Alexandre)

Graveur à l'eau-forte, né à Fontainebleau le 3 mars 1807.

Nous avons suivi les numéros du catalogue rédigé par l'artiste lui-même, et que M. Ch. Leblanc a publié dans le Manuel de l'amateur des estampes.

88 — *Le Ruisseau de Senlisse.* 1846.

Eau-forte pure, épreuve sur papier de Chine (n° 41).

— *Les Rochers* (97).

Epreuve de premier choix (151).

— *Le Moulin de La Roche à Senlisse, près de Dampierre.* 1846.

89 — *Le Buisson aux deux arbres, à Senlisse, près de Dampierre.* 1850.

— *L'Étang de La Roche, à Senlisse, près de Dampierre.* 1850.

— *Souvenir de Coudes, près de Clermont-Ferrand.* 1846.

90 — *Motif pris au ravin de Senlisse, près de Dampierre.* 1850.

— Les petites Cascades de Senlisse, près de Dampierre. 1850.

— La Chaumière au puits, à Senlisse,   *id.*   1849.

91 — *Pièce ovale.*

Faisant titre à la collection des sept planches.

— Pièce ovale.

Faisant titre à la collection des quatre paysages pris à Senlisse, 1846.

— Près Saint-Rambert (68) 1846.

Bugey.

— Moulin de Saint-Didier (67).

Savoye, 1846.

92 — *Le paysage de Ruysdaël.*

D'après le dessin original appartenant à M. Simon. (Voir le n° 56.) Epreuve sur papier de Chine.

BOISSIEU (Jean-Jacques de)

Peintre et graveur à l'eau-forte, né à Lyon en 1736, mort dans la même ville en 1810.

Nous suivrons ici les numéros de l'œuvre décrit dans le catalogue Rigal. C'est jusqu'à présent le meilleur guide pour l'œuvre de Boissieu. M. Dugas-Montbel a aussi donné le catalogue du même œuvre, à la suite de l'éloge de Boissieu ; mais il est beaucoup moins complet.

93 — *Portrait de Boissieu* (1).

Il tient à la main un dessin représentant le portrait de sa femme. Au bas, J.-J. D. B., 1796. Epreuve de premier état.

94 — *Saint Jérôme* (2).

A gauche, J.-J. D. B., 1797. S. V.

— *Les Pères du désert* (3). -

A gauche, D. B., 1797.

— *Pie VII bénissant des enfants* (4).

95 — *Promenade du Souverain-Pontife sur la Saône* (5). *Amanieu*

— *Les grands Tonneliers* (9). D. B. 1790.

— *Les Joueurs de boule* (10).

Ancienne porte de Vaize, à Lyon.

96 — *L'Ermitage adossé à des rochers* (11).

— *Intérieur de Ferme* (12).

— *Maréchal ferrant un cheval attaché, à la porte de sa maison* (15).

97 — *Vieillard faisant l'aumône à une vieille femme* (16).

— *Deux enfants jouant avec un chien* (19).

98 — *La Leçon de botanique* (20).

Deux épreuves, dont l'une sur papier de soie.

— *Les petits Charlatans* (22).

— *Peintre dans son atelier* (26).

— *Vue du passage de Garillaud en Italie* (31).

99 — *Vue d'Aquapendente* (38).

Sur la route de Sienne à Rome, épreuve où les mots *Dédié à* ont été effacés.

— *Vue du temple de Vesta* (34).

Il y a des taches d'humidité.

— *Veduta del sepulcro di Cecilia Metella a Corpo di Bove* (35).

Epreuve de deuxième état.

28 100 — *Vue de l'isle Barbe, sur la Saône* (37).

— *Entrée du village de Lantilly* (38).
    Pièce connue sous le nom des *Petits maçons.*

— *Vue du parc et du château de Sainte-Colombe, en Dauphiné* (39).

19 101 — *Vue de l'Arbresle, en Lyonnais* (40).

— *Vue de Saint-Andéol, en Lyonnais* (41).

— *Vue des bords de la rivière d'Ain* (42).

82 102 — *La grande Forêt* (55).

— *Paysanne sortant d'un bois* (56).

— *Des hommes au bord d'une rivière viennent de retirer un noyé de l'eau* (57).

18 103 — *Le vieux Pont de pierre* (58).

— *Paysage traversé par une rivière* (64).

— *Vieille chapelle entourée d'arbres* (65).

40 104 — *La Digue* (66).

— *Bateliers conduisant un bateau chargé de vieux arbres* (68).

— *Bateau en réparation* (69).

9 105 — *Vue d'une campagne pendant l'hiver* (73).

— *Vue d'une campagne au printemps* (74).

— *Anesse debout près de son ânon couché* (77).

62 106 — *Moulin d'Italie près d'un rocher d'où tombent trois cascades* (84).

— *Etudes* (112)

— *Chasseur son fusil sur l'épaule* (129).
    Première épreuve, avant l'adresse d'Artaria.

107 — *Pays coupé par une rivière* (131).

— *L'Abreuvoir* (134).

Première épreuve, avant l'adresse d'Artaria.

— *Le Moulin à eau* (135).

108 — *Le Moulin de Ruysdaël* (136).

— *Les Charlatans* (140).

— *Le Lavoir* (141).

— *Pâtre jouant du flageolet* (142).

Les gravures de Boissieu, un peu sèches, ont un grand mérite, c'est d'être très-bien dessinées ; généralement elles représentent des sites choisis avec goût. Je ne doute pas que ce maître, dédaigné aujourd'hui, ne soit mieux apprécié par la suite.

SCHELTE A BOLSWERT

Dessinateur et graveur au burin, né à Bolswert vers 1586, mort à Anvers.

109 — *Le Christ à l'éponge.*

Jésus en croix recommande sa mère à saint Jean ; à gauche, un homme à pied présente une éponge au Sauveur, près de là, il y a deux hommes à cheval. Dans la marge du bas, on lit un verset, en deux lignes, tiré du XIXe chapitre de saint Jean. Au-dessous, en deux lignes encore, une dédicace à François de Moncada, suivie de ces mots : *Observantiæ ergo Martinus Van den Enden.* A gauche, sous la dédicace, il y a, en très-petits caractères : *S.-A. Bolswert, sculp.* Au milieu : *Cum privilegio Regis Subsign. Cools.* A droite : *Martinus Van den Enden excudit.* Dans l'estampe, tout à fait au bas à gauche, sur la terrasse, il y a *A Van Dyc pinxit.* Les lettres A et V sont jointes ensemble.

Dans les toutes premières épreuves, et peut-être même avant que la planche fût achevée, la main de

saint Jean était posée sur l'épaule gauche de la Vierge.
Ces épreuves sont avant toutes lettres, avant la couronne d'épines sur la tête du Christ, sans aucun nom
d'auteur et sans l'ombre portée en avant du gros doigt
du pied de l'homme qui tient l'éponge. Les épreuves de
cet état sont regardées comme n'étant pas terminées ;
elles sont conformes au dessin de Van Dyck et d'une
grande rareté. Plus tard, on trouva inconvenant que la
main de saint Jean fût posée sur l'épaule de la Vierge
et on l'effaça. Ce sont ces épreuves qui sont regardées
comme les premières de la planche terminée. La main
de saint Jean n'est plus sur l'épaule de la Vierge. Il n'y
a pas de contre-tailles à la partie du corps et du bras
droit du Christ, ni sur la croix, au-dessous du bras de
Madeleine. Il n'y a pas d'ombre portée devant le gros
doigt du pied de l'homme qui présente l'éponge. A
gauche de la terrasse, dans l'estampe même, on lit :
A. Van Dyck pinxit. Il y a une dédicace qui commence
par *Excellentissimo*, après le verset de saint Jean. Les
épreuves de cet état sont très-rares. Il est probable que
ces changements ont été faits par Van Dyck.

Dans les secondes épreuves de la planche terminée,
on a remis la main de saint Jean sur l'épaule de la
Vierge. Il y a une ombre portée en avant du gros doigt
du pied de l'homme qui tient l'éponge. La signature
A. Van Dyck est toujours sur la terrasse et dans l'estampe, mais elle est à droite au lieu d'être à gauche ; le
verset de saint Jean, en une seule ligne, n'est plus suivi
de la dédicace à François de Moncade ; différences bien
suffisantes pour les distinguer des premières épreuves.

Dans le troisième état de la planche terminée, la
main de saint Jean a été de nouveau supprimée, le titre
et la dédicace entièrement regravés, mais la main de
saint Jean, assez mal raccordée, fera aisément reconnaître cet état.

Notre estampe est une belle épreuve du premier état de la planche terminée, soit le second état en comptant comme premier la planche sans la couronne d'épines sur la tête de Jésus. Elle provient de la collection Debois.

Cette estampe a été gravée d'après le tableau de Van Dyck qui se voyait dans l'église de Saint-Michel de Gand.

110 — *Le Couronnement d'épines.*

Dans la marge du bas, on lit un verset de saint Mathieu en une seule ligne : *Plectentes coronam de spinis posuerunt super caput ejus et arundinem in dexterâ ejus.* (Math. 27.) Au-dessous, en une seconde ligne, une dédicace : *Nobilissimo et integerrimo viro, D. Paulo Halmalio senatori antuerpiano, hanc Christi servatoris effigiem observantiæ testandæ ergo Martinus Van den Enden dedicabat.* Au bas de la marge, à gauche : *Ant. Van Dyck pinxit. S.-A.* Bolswert *fecit.* A droite : *Martinus Van den Enden excudit. Cum privilegio.*

Magnifique et très-vigoureuse épreuve de premier état, avant les contre-tailles au vêtement et à la jambe gauche du deuxième soldat qui est debout à droite. Elle a fait partie des collections Daudet et de Scitivaux ; elle vient de la vente Debois.

Cette estampe est un chef-d'œuvre de gravure ; on sait que S.-A. Bolswert mettait tous ses soins à rendre les beautés de l'original qu'il copiait ; ici le tableau de Van Dyck est reproduit admirablement. Ce tableau, qui était autrefois dans une abbaye, à Bruges, est aujourd'hui à Berlin et appartient au roi de Prusse.

BOECE A BOLSWERT

111 — *Jesus crucifixus.*

Dans la marge inférieure il y a, en une seule ligne, un verset tiré de saint Jean : *Venerunt milites et quidem primi fregerunt crura, et alterius qui crucifixus erat cum eo. Sed unus militum lancea eius latus fodit, et continuò exivit sanguis et aqua.* (Joan. 19.) A gauche, sous cette ligne : *P.-P. Rubens pinxit;* à droite : *B. a Bolswert sculp. et excudit,* et au milieu : *Cum privilegijs Regis Christianissimi, serenissimæ Infantis, et ordinum confederatorum.* La Vierge et Marie-Madeleine sont au pied de la croix. Cette estampe est connue sous le nom du *Christ à la lance.*

Très-belle épreuve, et d'une conservation parfaite. Elle a été acquise à la vente Debois ; elle a fait partie de la collection Scitivaux. Basan, dans le catalogue de l'œuvre de Rubens, nº 87, ajoute aux mots : *Cum privilegijs,* etc., ceux-ci : *Anno 1631.* L'épreuve que je décris ici ne porte pas cette date. On sait que cette estampe a été gravée d'après un tableau de Rubens, qui était dans l'église des Récollets, à Anvers.

Dans le *Journal de Paris,* du 12 mai 1782, on lisait cette annonce : « Les amateurs de peinture sont invités à voir, dans une des salles des Pères de l'Oratoire, rue Saint-Honoré, un tableau de Rubens, représentant le Calvaire, dont on connaît l'estampe gravée par S.-A. Bolswert, appelée communément : *le Christ à la lance.* Ce tableau porte 7 pieds 6 pouces de haut, sur 6 pieds de large. »

BOTH (Jean)

Peintre et graveur à l'eau-forte, né à Utrecht en 1610, mort dans la même ville en 1640.

Son œuvre en dix estampes gravées par lui.

PAYSAGES EN HAUTEUR (B. tome 5, p. 205).

Suite de quatre estampes.

112 — 1 *La Femme montée sur le mulet.*

Vue d'Aqua-Negro, entre Bologne et Florence.

Devant la femme marche un autre mulet chargé ; elle est suivie par un homme accompagné de son chien. A droite, en haut de l'estampe, il y a : *Both fe. Matham ex.*

113 — 2 *Le Chariot attelé de bœufs.*

Vue entre Ancône et Sinigaglia.

Vers le milieu, deux hommes, dont l'un est assis, regardent venir un chariot attelé de deux bœufs. Au haut de l'estampe, à droite, on lit : *Roth fe. Matham ex.*

114 — 3 *Le grand Arbre.*

Un homme à pied conduit un bœuf, devant lui un autre homme est monté sur un âne. Dans le haut, à droite, il y a : *Both fe. Matham ex.*

115 — 4 *Les deux Mulets.*

Vue de Rocca-Aquatico, près d'Ancône.

Ils sont chargés de barriques et s'avancent vers la droite. Au loin un homme et son chien se désaltèrent au bord d'un ruisseau. En haut, à gauche, on lit : *Both fe. Matham ex.*

Belles et rares épreuves de premier état de Bartsch, c'est-à-dire avant que l'*excudit* de Matham ait été remplacé par le nom de P. Mariette; mais du troisième état selon le supplément de Bartsch, par Rudolph Weigel.

PAYSAGES EN LARGEUR (B. tome 5, p. 20).

Suite de six estampes.

116 — 1 *Le Pont de pierre.*

Ainsi nommé par Bartsch ; c'est la vue de *Ponte-Molle*, sur le Tibre, à deux milles de Rome. Aux deux èxtrémités du pont il y a deux tours en ruines. A droite, sur le bord de l'eau, il y a quatre personnages. A gauche, deux mulets viennent de traverser le pont.

117 — 2 *Le Muletier.*

C'est une vue prise de la voie Appienne.

Un homme vu par le bas tient par la bride un mulet chargé de tonneaux. A sa droite on voit un paysan, et, près d'eux, un autre homme, courbé, attache les cordons de son soulier.

118 — 3 *Le Trajet.*

Un bac vient de traverser une rivière avec trois voyageurs et deux bœufs ; d'autres voyageurs attendent pour faire le même trajet.

C'est une vue du Tibre dans la campagne de Rome.

119 — 4 *Les deux Vaches au bord de l'eau.*

Vue prise de Tivoli, à six lieues de Rome.

Un homme, assis à terre, au bord du Teverone, cause avec un autre homme qui est debout devant lui ; près d'eux il y a deux vaches. Dans le fond, à gauche, on voit la montée où sont les premières fabriques de Tivoli.

120 — 5 *Les Pêcheurs.*

Sur le devant, à droite, trois pêcheurs tirent un filet de l'eau ; près de là on voit deux cavaliers et un homme à pied.

C'est une vue du Tibre, près du mont Soracte.

121 — 6 *Le Pont de bois.*

Un pont de bois, jeté sur un torrent, est traversé par deux mulets, accompagnés de leurs conducteurs. A gauche, un homme, monté sur un âne, s'avance vers le pont.

C'est une vue de la cascade de Salmone, près de Tivoli.

Belles épreuves de premier état de Bartsch ; mais du second état selon Rudolph Weigel. Très-rares.

BREEMBERG (BARTHOLOMÉE)

Peintre et graveur, né à Utrecht en 1620; mort en 1660, ou selon Huber en 1663.

122 — *Les Ruines de Rome* (B. 1 à 17).

Suite de 17 pièces.

Le titre porte : *Verscheyden vervallen…* (Différentes ruines de Rome et de ses environs, dessinées et gravées à l'eau-forte par B. Breemberg.) Gedaen in't Jaer, 1640.

Voici les planches qui sont ici :

Paysage (1).

Le Calidorium des Thermes de Dioclétien (2).

Paysage (4).

Paysage (5).

La Villa des Empereurs, à Rome (6).

Vue d'une partie des murs de Rome (7).

Vue des restes de l'aqueduc de Meza-Via, entre Rome et Albano (8).

Vue de la tour Léonine, au-dessus de Frascati. (9).

Fragments du Colisée (10).

Vue de *Ponte-Mamolo* (11).

Vue des Thermes de Caracalla (13).

Vue de l'hôtellerie de *Prima Porta*, dans la campagne de Rome (14).

Vue d'une partie de la voie Flaminia, aux environs de Rome (17).

Belles épreuves.

123 — *Les Satyres* (B 20).

Vue de la partie inférieure des Thermes de Titus. En haut, vers le milieu, il y a : B B f. An. 1640.

— *La Femme conduisant un jeune garçon* (B. 21).

Vue des environs du Colisée. En haut, à gauche, il y a : B B f. A. 1640.

— *Le Messager empressé* (B. 22).

Vue d'une partie des Thermes de Caracalla. En haut, à droite, on lit : B B f.

— *L'Auberge* (B. 23).

Vue de l'intérieur de la grotte que Numa dédia à la nymphe Egérie, ou grotte d'Aqua-Farella.

A droite on voit la longue table de pierre que fit poser Charles-Quint. Au milieu du bas de la planche, sur un morceau de bois, on lit : B B f. 1646.

BROWNE (John)

Graveur à l'eau-forte et au burin, né à Oxford, au commencement du xviiie siècle.

124 — *Banditi prisoners.*

From the originals, one of the most capital Landscapes ever Painted, in the collection of sir Thos Dundas, Barᵗ, Published June, 1, 1791, by J.-G.-J. Boydell. A gauche : *Jean et André Both, pinxit.* A droite : *John Brown sculpt.*, 1791.

Très-grande pièce. Belle épreuve.

CALLOT (J.)

Dessinateur et graveur à l'eau-forte, né à Nancy en 1594, mort dans la même ville en 1635.

125 — *La grande Foire de Florence.*

Très-grande planche connue sous le nom de la Foire de l'Imprunetta, parce qu'elle représente la foire qui se tient devant l'église de l'Imprunetta, près de Florence.

« Cette église renferme une image de la Vierge que « les gens du pays croient avoir été peinte par saint « Luc. » (M. Meaume, catalogue de l'œuvre de Callot.)

Le même auteur, à propos de cette pièce, rapporte l'anecdote suivante, qu'il a empruntée à Baldinucci :

« J'ai connu dans mon enfance le docteur Hyacinthe-
« André Cicognini. C'était un ami intime de Callot,
« dont il vantait souvent le génie inventif, la merveil-
« leuse facilité de conception et l'habileté de sa main.
« Souvent, après avoir tiré l'épreuve d'une eau-forte,
« il découvrait qu'un groupe de petites figures rempli-
« rait bien un espace vide, et soudain il se mettait à le
« graver du premier jet. Je lui ai vu plusieurs fois exé-
« cuter ce tour de force, et, entre autres, sur la magni-
« que planche qui représente la Foire de l'Impru-
« netta. »

Au bas de l'estampe, au milieu de la marge, on voit les armes de Cosme II de Médicis, à qui l'estampe est dédiée.

Première épreuve avant deux écussons qui sont à droite et à gauche de la dédicace et avant les mots *in Firenze*, qui, dans les autres états, sont au bas à droite. (M. Meaume, catalogue de l'œuvre de Callot, n° 624.)

126 — *La Vie de l'Enfant prodigue.*

Onze pièces, plus une double.
Épreuves du deuxième état. (M. Meaume, 53-63.)

127 — *La petite Passion.*

Douze pièces premier état. (M. Meaume, 19-30.)

DALEN (CORNEILLE VAN).

Graveur à l'eau-forte et au burin, né à Harlem selon les uns et à Anvers selon les autres, en 1640.

128 — *Portrait de l'Arétin.*

Il est tourné vers la gauche, il a une grande barbe et des cheveux courts. Il tient à la main gauche un livre à moitié ouvert. Ce portrait a été fait par Van Dalen, d'après le Titien, dit-on, pour l'ouvrage que l'on nomme ordinairement *le Cabinet du bourgmestre Rheynst*, in-folio.

Très-belle épreuve d'un portrait rare. Il est sans lettres ni signature, dans la manière de Corneille Wisscher.

BOUCHER-DESNOYERS (BARON AUGUSTE).

Né à Paris en 1779, mort dans la même ville en 1860.

129 — *La Vierge au linge.*

Dans la marge du bas on lit : Dessinée et gravée, d'après le tableau original de Raphaël, par Auguste Boucher-Desnoyers, membre des Académies de Vienne et de Genève. Se trouve rue de Touraine, n° 9, près de l'Odéon.

Belle épreuve. La marque du graveur (deux têtes antiques dans un médaillon) est au coin à gauche ; cette marque indique les premières épreuves.

On sait que le tableau de Raphaël est au Musée du Louvre.

130 — *La Vierge au donataire.*

Dans la marge du bas on lit : La Vierge au donataire, dite de Foligno. A gauche : Raphaël d'Urbin *pinxit ;* à droite : Auguste Boucher-Desnoyers *del.* et *sculpt.*, 1810. Se trouve à Paris, chez l'auteur, rue de Touraine, n° 9, près de l'Odéon.

La marque du graveur (deux têtes couvertes de casques dans un médaillon) est à gauche. Dans le même médaillon il y a les lettres A. B.

Très-belle épreuve.

La tablette tenue par l'Ange contenait autrefois une inscription qui attestait que le tableau avait été peint par Raphaël pour Sigismond Conti, premier secrétaire du pape Jules II ; mais sa nièce, Anne Conti, fit transporter le tableau, en 1565, de l'église de l'Ara-Cœli de Rome dans celle de Sainte-Anne, dite *la Contesse*, à Foligno, où elle était religieuse. (Vasari.) Ce tableau était venu en France par suite du traité de Tolentino ; il était sur bois et en très-mauvais état. Il fut reporté sur toile par Hacquin (1).

131 — *La Vierge dite la belle Jardinière.*

Estampe gravée d'après le tableau de Raphaël qui est au Musée du Louvre.

Au bas, dans la marge à gauche, on lit : *Raphaël pinxit,* et à droite : *Auguste Boucher-Desnoyers del. et sculpt.*, an XI (1802). Au-dessous, en deux lignes : « Dédié à M. D. V. Denon, directeur général du Musée Napoléon, etc., par son très-humble serviteur Auguste Boucher-Desnoyers. » Se vend à la Calcographie du Musée Napoléon. Bonne épreuve.

132 — *La Vierge à la chaise.*

Au-dessous on lit : Dessiné et gravé d'après le tableau original de Raphaël, par Aug. Boucher-Desnoyers, membre des Académies de Vienne et de Genève. Se

---

(1) Voir la *Revue universelle des Arts,* tome IX, page 220.

trouve rue de Tournon, n° 9, près l'Odéon. A gauche, le chiffre A. D. dans un cercle.

DREVET fils (PIERRE-IMBERT)

Graveur au burin, né à Paris en 1697, mort à Paris en 1739.

133 — *Portrait de Jacques-Bénigne Bossuet.*

A gauche il y a : *Hyacinthe Rigaud pinxit.* A droite : *Petrus Drevet sculpsit.* 1723.

Belle épreuve, sans aucun point, et avec deux tailles seulement sur le dos du fauteuil. Il y a des taches d'humidité.

KAREL DUJARDIN

Peintre et graveur à l'eau-forte, né à Amsterdam en 1635, mort à Venise en 1678.

134 — *Son œuvre.*

En cinquante et une pièces. Épreuves avec les numéros. (le n° 34 est double.) Les eaux-fortes de Karel Dujardin, dit Bartsch, méritent un des premiers rangs parmi les plus belles estampes qui aient été produites par des peintres.

135 — *Les deux Chevaux.*

En haut, à gauche : *K. Dr. I. Fe.* Épreuve de premier état, avant le n° 4.

136 — *Les deux Chevaux près de la charrue.*

En haut, à gauche : *K. D. I. Fe.* 1657. Les lettres K, D, I, sont groupées en monogramme. Épreuve de premier état, avant le n° 25.

137 — *Le petit Paysage aux deux chèvres.*

Épreuve de premier état, avant le n° 47.

138 — *Le Chariot devant l'auberge.*

Épreuve de premier état, avant le n° 50.

4

DURER (ALBERT)

Peintre, graveur à l'eau-forte, né à Nuremberg en 1471, mort en 1528.

L'œuvre de ce maître, composé de cent vingt pièces sur cuivre, sur fer ou sur étain, en y comprenant les portraits, et de cent soixante pièces sur bois, faites par lui ou d'après ses dessins.

PORTRAITS D'ALBERT DURER ET DE SON PÈRE.

139 — *Portrait d'Albert Durer, le père, à 70 ans.*

Par W. Hollar, d'après Albert Durer lui-même, en 1497. Au bas il y a une dédicace à Jean-Maximilien, par Van der Borcht, en 1644.

— *Portrait d'Albert Durer.*

Par Wenceslas Hollar, d'après Albert Durer lui-même, en 1645. Dans le milieu de la droite, il y a le chiffre du maître et la date 1498.

— *Portrait d'Albert Durer.*

En haut, à gauche, il y a : *Cum privilegio. Ord. gen. Foeder Inf. Germ. provinc. Pars II. H h excudit.* Au bas, le nom et quatre vers.

— *Portrait d'Albert Durer.*

En pied. Il porte de la main gauche un livre sur la couverture duquel on voit son monogramme, et au-dessous, 1528. En bas il y a : Zum, 6 april 1828. Pièce en hauteur qui semble faite d'après une statue.

— *Portrait d'Albert Durer.*

Gravé par Edelinck. Épreuve de troisième état.

ANCIEN TESTAMENT.

140 — *Adam et Ève* (1).

Très-belle épreuve d'une pièce rare. Sur une tablette suspendue à une branche d'arbre, on lit : *Albertus Durer Noricus faciebat,* puis l'année 1504 et le monogramme.

141 — *La Nativité* (2).

Albert Durer a travaillé cette planche avec un soin que l'on ne trouve pas au même degré dans les autres ouvrages. Le chiffre du maître et l'année 1504 sont sur une tablette mise pour enseigne à la maison.

142 — LA PASSION DE J.-C.

Suite de quinze estampes auxquelles on ajoute ordinairement l'estampe représentant saint Pierre et saint Paul qui guérissent un boiteux. (N° 18.)

— *L'Homme de douleur* (3).

En haut, à gauche, il y a le monogramme et l'année 1509.

— *Jésus-Christ au jardin des Oliviers* (4).

En bas de l'estampe, à droite, il y a le monogramme et l'année 1508.

— *Jésus-Christ saisi par les Juifs* (5).

En bas, au milieu, on voit l'année 1508 et le chiffre du maître.

— *Jésus-Christ devant Caïphe* (6).

Pièce datée de 1512, avec le chiffre placé vers le haut, au milieu.

— *Jésus-Christ amené à Pilate* (7).

Sur la base de la colonne, il y a l'année 1512, et, auprès, le chiffre du maître.

— *La Flagellation* (8).

En haut, à gauche, il y a l'année 1512 et le monogramme.

— *Le Couronnement d'épines* (9).

En haut, à droite, l'année 1512; le chiffre est à gauche, vers le bas.

— *L'Ecce Homo* (10).

Sur la première marche de l'estrade, il y a le chiffre et l'année 1512.

— *Pilate se lavant les mains* (11).

En haut, à droite, le chiffre et l'année 1512.

— *Le Portement de croix* (12).

A droite, en haut, le chiffre et l'année 1512.

— *Jésus-Christ à la croix* (13).

A droite le chiffre, et à gauche l'année 1511.

— *La Descente de croix* (14).

Sur une pierre, au bas, à gauche, il y a l'année 1507 et le chiffre.

— *Jésus-Christ mis au tombeau* (15).

A droite, vers le bas, le chiffre et l'année 1512.

— *La Descente aux Limbes* (16).

Le chiffre est au bas, à droite, et l'année 1512 sur la voûte.

— La Résurrection (17).

Vers le bas, à droite; le chiffre et l'année 1512.

— Saint Pierre et saint Paul guérissant un boiteux à la porte du Temple (18).

En haut, à gauche, il y a l'année 1513, le chiffre est sur une fenêtre, au fond, vers le milieu.

Cette suite, dit Regnault-Delalande dans le catalogue Saint-Yves, est un des meilleurs ouvrages d'Albert Durer; il joint la richesse de composition au fini précieux de l'exécution; il y a des caractères de tête dignes des meilleurs maîtres d'Italie. Les épreuves sont belles.

143 — *Jésus-Christ en prière au jardin des Oliviers (19).*

Pièce gravée à l'eau-forte sur une planche d'étain.

144 — *L'Homme de douleur aux bras étendus (20).*

On trouve rarement de bonnes épreuves de cette pièce; celle-ci est belle, mais elle a été restaurée.

145 — *L'Homme de douleur aux mains liées (21).*

Belle épreuve, gravée à l'eau-forte sur une planche de fer. Très-rare.

146 — *L'Homme de douleur assis (22).*

Estampe gravée à l'eau-forte sur une planche d'étain; le papier est aminci derrière en deux endroits.

147 — *Le Crucifix (23).*

Pièce ronde. C'est ici l'estampe que Bartsch regarde comme originale. Ce morceau a été, dit on, gravé sur le pommeau de l'épée de l'empereur Maximilien Ier.

148 — *Jésus-Christ expirant sur la croix (24).*

Belle épreuve.

149 — *La Face de Jésus-Christ* (25).

En bas, sur une tablette, 1513, et le monogramme.
Une copie de cette pièce.
Une autre copie. En haut, au milieu, il y a Æ 15.
(Adam Elsheimer ?)
Bartsch ne parle pas de ces copies.

150 — *La Face de Jésus-Christ* (26).

Pièce gravée sur une planche d'étain. Vers le bas, à
droite, il y a sur une tablette, 1516 et le monogramme.
Le chiffre 5 est retourné.

151 — *La Trinité* (27).

Cette pièce, dit Bartsch, généralement classée dans
les collections et dans les catalogues parmi les ouvrages
de Durer, est loin d'être un original de ce maître ; elle
est une copie, par un graveur anonyme, de l'une de
ses tailles de bois. Cette estampe est rare.

152 — *L'Enfant prodigue* (28).

Très-belle épreuve. C'est le portrait du maître sous
la figure de l'Enfant prodigue.
Une copie en contre-partie (B. 238). Le monogramme
est au bas, à gauche ; dans l'original il est au bas, au
milieu.

VIERGES.

153 — *Sainte Anne et la jeune Vierge* (29).
Belle épreuve d'une pièce rare.

154 — *La Vierge aux cheveux longs liés avec une bandelette* (30).

155 — *La Vierge à la couronne d'étoiles* (31).
En bas, à droite, 1508 et le monogramme.

156 — *La Vierge à la couronne d'étoiles et au sceptre* (32).

Vers le haut, à droite, l'année 1516, et le monogramme au bas, du même côté.

157 — *La Vierge aux cheveux courts liés avec une bandelette* (33).

En bas, à droite, l'année 1514 et le monogramme.

158 — *La Vierge allaitant l'Enfant Jésus* (34).

Sur une tablette, accrochée à un jeune arbre, on lit l'année 1503; au milieu, en bas, le monogramme. Il y a quelques restaurations.

159 — *La Vierge assise, embrassant l'Enfant Jésus* (35).

En haut, l'année 1513 et le monogramme.

160 — *La Vierge donnant le sein à l'Enfant Jésus* (36).

En bas, à gauche, sur une pierre, il y a le monogramme et l'année 1512.

161 — *La Vierge couronnée par un ange* (37).

Sur une tablette, au bas, à gauche, 1520 et le monogramme du maître.

162 — *La Vierge avec l'Enfant Jésus emmailloté* (38).

Au bas, à gauche, 1520 et le monogramme.

163 — *La Vierge couronnée par deux anges* (39).

Au bas, à droite, sur une pierre, il y a l'année 1518 et le monogramme.

164 — *La Vierge assise au pied d'une muraille* (40).

Au milieu, à droite, on voit l'année 1514 et le monogramme. C'est une des belles pièces d'Albert Durer.

165 — La Vierge à la poire (41).

En haut, au milieu, il y a l'année ; et le monogramme en bas, sous les pieds de la Vierge.

166 — La Vierge au singe (42).

En bas, au milieu, le monogramme. Sans date.

167 — La Sainte Famille (43).

Sans année ni monogramme. Très-belle épreuve d'une pièce que l'on ne trouve que très-pâle, l'eau-forte ayant fort peu mordu. Elle a été gravée sur fer.

168 — La Sainte Famille au papillon (44).

Le monogramme est en bas, au milieu, et d'une manière différente de ce qu'il est ordinairement. C'est une des premières estampes gravées par Albert Durer. Elle est soutenue, par derrière, par deux bandes de papier en croix, mais sans déchirure apparente.

169 — La Vierge à la porte (45).

En bas, à gauche, sur une tablette, il y a 1520 et le monogramme. Cette pièce, que l'on range toujours dans l'œuvre d'Albert Durer, dit Bartsch, n'est certainement pas de lui, mais elle peut avoir été gravée d'après un de ses dessins. Elle est très-rare.

SAINTS.

LES CINQ DISCIPLES DE JÉSUS-CHRIST.

Suite de cinq estampes.

170 — Saint Philippe (46)

En bas, à gauche, 1526 et le monogramme.

171 — Saint Barthélemy (47).

Vers le milieu, à gauche, 1523 et le chiffre.

172 — *Saint Thomas* (48).

Sur une pierre qui est vers le bas, à gauche, on lit l'année 1514 et le monogramme.

173 — *Saint Simon* (49).

Au bas, à droite, il y a 1523 et le monogramme.

174 — *Saint Paul* (50).

Vers le bas, à droite, on lit 1514 et le monogramme.

175 — *Saint Christophe à la tête retournée* (B. 51).

En bas, à droite, l'année 1521 et le monogramme.

176 — *Saint Christophe* (B. 52).

En bas, à gauche, l'année 1521 et le monogramme.

177 — *Saint Georges à pied* (B. 53).

Le monogramme est en bas, à gauche, sur une tablette. Très-belle épreuve.

178 — *Saint Georges à cheval* (B. 54).

En bas, au milieu, l'année 1508 et le monogramme.

179 — *Saint Sébastien attaché à un arbre* (B. 55).

A droite, vers le milieu, on voit le monogramme sur une tablette suspendue à une petite branche de l'arbre auquel saint Sébastien est attaché.

180 — *Saint Sébastien attaché à une colonne* (B. 56).

Le monogramme est à gauche, presque en bas.

181 — *Saint Eustache, ou saint Hubert* (B. 57).

Très-belle épreuve d'une des plus considérables et des plus rares estampes de l'œuvre d'Albert Durer. Le monogramme est en bas, au milieu. Albert Durer appelle cette pièce Saint Eustache.

182 — *Saint Antoine* (B. 58).

Au bas, vers le milieu, l'année 1519 et le monogramme.

Une seconde épreuve de la même pièce.

183 — *Saint Jérôme* (B. 59).

Estampe gravée à l'eau-forte sur une planche de fer;
les épreuves sont toujours faibles, l'eau-forte ayant
peu mordu. Le monogramme est à droite, au milieu de
la hauteur, et l'année 1512 au milieu du haut de la
planche.

184 — *Saint Jérôme dans sa cellule* (B. 60).

A droite, vers le bas, il y a une tablette sur laquelle
on lit l'année 1514 et le monogramme du maître.

185 — *Saint Jérôme en pénitence* (61).

Le monogramme est en bas, au milieu de la planche.
Très-belle épreuve.

Une seconde épreuve de la même estampe.

186 — *Saint Jérôme* (B. 62).

Petite planche ronde extrêmement rare. Il n'y a ici
que la copie. En bas : **A**. *Petrak cop.*

187 — *Sainte Geneviève* (B. 63).

Le chiffre est en bas, au milieu.

188 — *La Véronique* (B. 64).

En haut de la gauche, on lit : 1510 et le chiffre
du maître; pièce extrêmement rare; il n'y a ici que la
copie par Petrak.

189 — *Le Jugement de Pâris* (B. 65).

Petite pièce ronde extrêmement rare; il n'y a ici que
la copie. Sur le côté, à gauche : **A**. *Petrak sc.*

190 — *Les trois Génies* (B. 66).

Le monogramme est en bas, vers la gauche.

191 — *La Sorcière* (B. 67).

Le monogramme est en bas, au milieu. La lettre D est écrite à rebours.

192 — *Apollon et Diane* (B. 68).

Le chiffre est en bas, à droite.

193 — *La Famille du Satyre* (B. 69).

En haut, à droite, sur une tablette suspendue à une branche, il y a : 1505 et le monogramme. Très-belle épreuve.

Une seconde épreuve de la même estampe.

194 — *Cinq Études de figures* (B. 70).

Estampe gravée à l'eau-forte sur une planche de fer.

195 — *L'Enlèvement d'Amymone* (B. 71).

En bas, au milieu, il y a le monogramme.

196 — *Le Ravissement d'une jeune femme* (B. 72).

En haut, sur un nuage, il y a : 1516 et le monogramme. Cette pièce a été gravée à l'eau-forte sur une planche de fer.

197 — *L'Effet de la jalousie* (B. 73).

Le chiffre est en bas, au milieu. Très-belle épreuve.

198 — *La Mélancolie* (B. 74).

A droite, vers le bas, il y a l'année 1514 et le monogramme du maître. En haut, à gauche, on lit : MELANCOLIA. 1 Pièce, rare. Belle épreuve.

199 — *Le groupe des quatre femmes nues* (B. 75).

Le chiffre d'Albert Durer est en bas, au milieu. En haut, sur un globe, il y a : 1497, et, au-dessous, les lettres O. G. H.

200 — *L'Oisiveté* (B. 76).

En bas, au milieu, on voit le chiffre du maître. Belle épreuve d'une pièce rare qu'on nomme aussi : *le Songe.*

201 — *La grande Fortune* (B. 77).

En bas, à droite, il y a le monogramme. Très-belle épreuve.

202 — *La petite Fortune* (B. 78).

Le monogramme est en bas, au milieu.

203 — *La Justice* (B. 79).

En bas, au milieu, le monogramme.

204 — *Le petit Courrier* (B. 80).

Le monogramme d'Albert Durer est en bas, au milieu.

205 — *Le grand Courrier* (B. 81).

Il n'y a ici que la copie de cette pièce par A. Petrak.

206 — *La Dame à cheval* (B. 82).

En bas, au milieu, il y a le monogramme.

207 — *Le Paysan et sa femme* (B. 83).

Le monogramme est en bas, au milieu.

208 — *L'Hôtesse et le Cuisinier* (B. 84).

Le chiffre est au bas, au milieu.

209 — *L'Oriental et sa femme* (B. 85).

Le chiffre est au milieu du bas de l'estampe.

210 — *Les trois Paysans* (B. 86).

Le chiffre est au milieu du bas.

211 — *L'Enseigne* (B. 87).

Le chiffre est sur une tablette posée sur un tronc d'arbre, vers le milieu de droite.

212 — *L'Assemblée des gens de guerre* (B. 88).

En bas, au milieu, on voit le monogramme.

213 — *Le Paysan de marché* (B. 89).

Le chiffre est au bas sur une pierre ; en haut, il y a l'année 1512.

214 — *Le Branle* (B. 90).

En haut, au milieu, il y a le monogramme et l'année 1514.

215 — *Le Joueur de cornemuse* (B. 91).

L'année 1514 et le monogramme sont au bas gauche.

216 — *Le Violeur* (B. 92).

C'est une des premières estampes gravées par Albert Durer ; elle est sans monogramme et rare. Belle épreuve.

217 — *Les Offres d'amour* (B. 93)

Le chiffre est au milieu, en bas. C'est encore une des premières pièces gravées par le maître.

218 — *Le Seigneur et la Dame* (B. 94).

Le chiffre est en bas, au milieu.

Une seconde épreuve de la même estampe.

219 — *Le Pourceau monstrueux* (B. 95).

Le chiffre est en bas, au milieu.

220 — *Le petit Cheval* (B. 96).

Le chiffre est en bas, sur une pierre, et, en haut, il y a l'année 1505.

221 — *Le grand Cheval* (B. 97).

En haut, au milieu, il y a l'année 1505, et en bas, à droite, le monogramme.

222 — *Le Cheval de la mort* (B. 98).

En bas, à gauche, il y a, sur une tablette : S. 1513 et le monogramme. Très-belle épreuve.

223 — *Le Canon* (B. 99).

En haut, à gauche, il y a l'année 1518 (Bartsch dit 1516) et le chiffre du maître.

224 — *Les Armoiries au coq* (B. 100).

En bas, un peu à droite, il y a le chiffre d'Albert Durer. Très-belle épreuve.

225 — *Les Armoiries à la tête de mort* (B. 101).

Sur la pierre qui supporte les armoiries sont placés la tablette et le monogramme ; à côté, sur l'épaisseur de la pierre, on lit l'année 1503.

PORTRAITS.

226 — *Albert de Mayence, vu de face* (B. 102).

En haut, à droite, il y a une inscription latine en sept lignes, et, dans la marge du bas, quatre autres

— 63 —

lignes. Le chiffre est à gauche, au milieu de la hauteur.

227 — *Albert de Mayence, vu de profil* (B. 103).

En haut, dans la marge, trois lignes, et, en bas, quatre. Le chiffre est à gauche, vers le bas.

228 — *Frédéric, électeur de Saxe* (B. 104).

En bas, dans la marge, une inscription en huit lignes. Le monogramme est à gauche, au milieu de la hauteur.

229 — *Philippe Melanchton* (B. 105).

En bas, dans la marge, il y a l'année 1526, puis un distique, et enfin, au-dessous, le chiffre du maître.

230 — *Bilibald Pirkhenner* (B. 106).

En bas, dans la marge, une inscription en cinq lignes, et l'année M.D.XXIV ; plus bas, à droite, le monogramme.

231 — *Erasme de Rotterdam* (B. 107).

En haut, sur un tableau placé à droite, il y a une inscription en cinq lignes, dont une partie est en grec ; au-dessous, l'année 1526, et, plus bas, le chiffre d'Albert Durer.

GRAVURES EN BOIS

Toutes les épreuves sont très-belles, la plupart avec marges ; elles sont montées sur papier fort, teintées d'un côté.

SUJETS DE LA BIBLE.

232 — *Caïn tuant Abel* (B. 1).

En haut, au milieu, il y a l'année 1511, et, au-dessous, le monogramme.

233 — *Samson tuant le lion* (B. 2).

    Le monogramme est en bas, au milieu.

234 — *L'Adoration des Rois* (B. 3).

    Sur la base d'un pilier, à gauche, on lit l'année 1511, et en bas, à droite, il y a le monogramme.

LA PASSION DE JÉSUS-CHRIST (B. 4-15).

    Suite de douze estampes.

235 — *Titre. Jésus couronné d'épines* (B. 4).

    Jésus-Christ, assis sur une pierre, a devant lui un Juif qui lui présente un roseau.

— *La Cène* (B. 5).

    Sur le pied de la table, il y a l'année 1510, et, un peu au-dessous, le monogramme.

— *Jésus-Christ au mont des Oliviers* (B. 6).

    Le chiffre est en bas, au milieu.

— *Jésus-Christ saisi par les soldats* (B. 7).

    En haut, vers la gauche, il y a : 1510, et en bas, à gauche, le monogramme.

— *Jésus-Christ flagellé* (B. 8).

— *Jésus-Christ présenté au peuple* (B. 9).

— *Le Portement de croix* (B. 10).

— *Jésus-Christ à la croix* (B. 11).

— *La Sépulture* (B. 12).

— *Jésus-Christ pleuré par les saintes Femmes* (B. 13).

— *La Rédemption des Ancêtres* (B. 14).

Jésus-Christ tire les âmes du purgatoire.

Sur une pierre, à droite, vers le milieu, on lit l'année 1510.

— *La Résurrection* (B. 15).

Vers le bas, entre les deux soldats qui dorment, il y a l'année 1510.

Toutes ces pièces sont avec le monogramme en bas, au milieu. Belle suite en premières épreuves, c'est-à-dire avant l'impression derrière. Les pièces portant les nos 4, 5, 7, 14 et 15 sont supérieurement exécutées.

236 — LA PASSION DE JÉSUS CHRIST (B. 16-52).

Suite de 37 pièces, dites la Petite Passion.
Titre.

En haut, il y a : *Figuræ Passionis Domini Nostri Jesu Christi.* Le monogramme est sur la pierre sur laquelle Jésus est assis.

Adam et Ève mangeant du fruit de l'arbre de vie (B. 17).

Adam et Ève chassés du Paradis (18).

Cette pièce est datée 1510.

L'Annonciation (19).

La Nativité (20).

Jésus-Christ prenant congé de sa mère. (21).

L'Entrée à Jérusalem (22).

Jésus-Christ chasse les vendeurs du temple (23).

La Cène (24).

Jésus-Christ lavant les pieds à ses disciples (25).

Jésus-Christ prie au mont des Oliviers (26).

Jésus-Christ est pris par les Juifs (27).

Jésus-Christ est conduit devant le grand-prêtre (28).

Le grand-prêtre déchire ses habits (29).

Jésus-Christ insulté dans le prétoire (30).

Jésus-Christ conduit devant Pilate (31),

Cette pièce porte la date de 1509.

Jésus-Christ est traîné devant Hérode (32).

La Flagellation (33).

Le Couronnement d'épines (34).

Jésus-Christ présenté au peuple (35).

Pilate se lave les mains (36).

Le Portement de croix (37).

Le Suaire (38).

Jésus-Christ est attaché sur la croix (39).

Jésus-Christ sur la croix (40).

Jésus-Christ aux Limbes (41).

Jésus-Christ descendu de la croix (42).

Le Corps de Jésus-Christ au pied de la croix (43).

La Sépulture (44).

La Résurrection (45).

Le Sauveur apparaissant à sa mère (46).

Jésus-Christ, en jardinier, apparaissant à Madeleine (47).

Jésus-Christ à Emmaüs (48).

Jésus-Christ au milieu de ses disciples (49).

L'Ascension (50).

La Pentecôte (51).

Le Jugement dernier (52).

Toutes ces pièces portent le monogramme d'Albert Durer; elles sont de premier état, avant l'impression derrière. Cette suite, dont les épreuves sont belles, est rare avec le titre.

237 — *Jésus-Christ célébrant la Cène avec ses Apôtres* (B. 53).

En bas, vers la droite, sur une tablette, il y a le chiffre et l'année 1523.

— *Jésus-Christ en prière au Jardin des Oliviers* (B. 54).

Le monogramme est au bas, à droite.

238 — *Jésus-Christ à la croix* (B. 55).

Au pied de la croix, l'année 1510 sur une tablette.

— *Une deuxième épreuve de la même pièce.*

Avec un petit poëme allemand à la suite. (Les sept parties du jour relatives à la Passion de Jésus-Christ.) Le chiffre de Durer n'est pas à la fin du poëme, comme le dit Bartsch.

239 — *Jésus-Christ sur la croix* (B. 56).

En haut, à gauche, est l'année 1516. Le monogramme est en bas sur l'arbre de la croix. Épreuvé avec de l'impression derrière.

— *Jésus-Christ à la croix* (B. 58 A.)

Sans monogramme. Au bas de la croix il y a un pélican.

— *Le Calvaire* (B. 59).

Le chiffre est en bas, au milieu, sur une tablette.

240 — L'Apocalypse de saint Jean (B. 60-75).

Suite de quinze pièces, toutes marquées du monogramme.

Apocalipsis Cu figuris (B. 60). Titre, cette inscription est en haut.

Le Martyre de saint Jean (61).

Épreuve sans texte derrière. Les marges ont été soutenues avec des bandes de papier.

Saint Jean voit sept chandeliers d'or (62).

Saint Jean engagé à monter au ciel (63).

Les quatre Chevaux de différentes couleurs de ceux qui les montaient (64).

L'ouverture du sixième sceau (65).

Quatre Anges retiennent tous les vents (66).

Les Élus et les Saints, ayant des palmes à la main, bénissent Dieu (67).

Sept Anges avec des trompettes (68).

Les quatre anges délivrés (69).

Saint Jean avalant le livre que l'Ange lui présente (70).

La Femme revêtue du soleil (71).

Le combat de saint Michel contre le Dragon (72).

Babylone, la grande prostituée, assise sur une bête qui a sept têtes et dix cornes (73).

La Bête qui a des cornes d'agneau.

L'Ange qui a la clef de l'abîme et une grande chaîne, prend le dragon et l'enchaîne pour mille ans (75).

Épreuve sans impression derrière.

Toutes ces épreuves sont de la seconde édition, imprimée en 1511, avec le texte en latin derrière. Il est très-rare de trouver des épreuves sans texte; il y en a deux ici, les nos 61 et 75.

241 — *La Vie de la Vierge* (B. 76-95).

Suite de vingt estampes.

La Vierge assise sur le croissant et donnant le sein à l'Enfant Jésus (76).

Sans le chiffre du maître.

Le Grand-Prêtre n'admettant pas Joachim à l'autel de Dieu (77).

Un Ange apparaissant à Joachim (78).

Joachim embrassant sainte Anne sous la porte d'or (79). Dans le coin il y a la date 1509.

La Naissance de la Vierge (80).

La Présentation de la Vierge dans le Temple (81).

Les Fiançailles de la Vierge et de saint Joseph (82).

L'Annonciation (83).

La Visitation (84).

La Nativité (85).

La Circoncision (86).

L'Adoration des Rois (87).

La Présentation au Temple (88).

La Fuite en Égypte (89).

Le Repos en Égypte (90).

Jésus-Christ, à l'âge de douze ans, disputant au Temple avec les Docteurs de la loi (91).

Jésus-Christ prenant congé de sa Mère (92).

La Mort de la Vierge (93). A gauche, vers le bas, il y a la date 1510.

L'Assomption de la Vierge (94). En haut, à gauche, il y a l'année 1510.

La Sainte-Vierge adorée par plusieurs Saints (95).

Toutes ces épreuves, excepté le titre, sont avec le monogramme du maître. Elles sont de la première édition, sans le texte latin au titre, ni derrière les estampes. Belles épreuves.

242 — *La Sainte-Famille* (B. 96).

En haut, à gauche, le monogramme et l'année 1511. Deux épreuves.

— *La Sainte-Famille* (B. 97).

En haut, vers le milieu, il y a 1511.

243 — *La Vierge assise sur un banc de gazon* (B. 98).

Le monogramme est dans le coin, à droite.

— *La Vierge assise dans une chambre voûtée* (B. 100).

Le chiffre est au bas vers la gauche.

244 — *La Vierge assise, ayant l'Enfant Jésus sur le bras gauche et tenant une pomme de la main droite* (B. 101).

Le monogramme et l'année 1518 sont au bas, à gauche.

— *La Vierge assise, tenant l'Enfant Jésus qui feuillète un livre* (B. 102).

En bas le monogramme.

SAINTS ET SAINTES.

245 — *Saint Christophe traversant l'eau* (B. 103).

En haut l'année 1511.

— *Saint Christophe traversant l'eau* (B. 104).

Le monogramme est en bas, au milieu.

— *Saint Christophe traversant l'eau* (B. 105).

Pièce en hauteur. A gauche, en haut de l'estampe, il y a le chiffre et l'année 1525.

— *Saint Coloman debout* (B. 106).

Épreuve moderne.

246 — *Saint Elie.*

Le chiffre est en bas, à droite.

— *Saint Etienne, saint Grégoire et saint Laurent* (B. 108).

Le chiffre est en bas.

— *Saint François recevant les stigmates* (B. 110).

En bas deux lignes de texte. A droite, sur une tablette accrochée à un arbre, il y a le monogramme.

247 — *Saint Georges tuant le dragon* (B. 111).

Le chiffre est au bas, à droite.

— *Saint Jean l'Evangéliste et saint Jérôme* (B. 112).

Le chiffre est au bas.

248 — *Saint Jérôme, dans une grotte, écrivant dans un livre* (B. 113).

L'année 1512 se voit près du livre. Le monogramme est à gauche, vers le milieu de la hauteur. Épreuve collée en plein.

— *Saint Jérôme dans sa cellule* (B. 114).

En bas le monogramme et l'année 1511.

249 — *Huit Saints, debout, l'un à côté de l'autre* (B. 116). Sans chiffre.

— *Le Supplice des dix mille Martyrs* (B. 117).

En bas le monogramme.

— *Trois Évêques, debout, l'un près de l'autre* (B. 118).

En bas, à droite, il y a le chiffre.

250 — *Un Saint qui se mortifie avec la discipline* (B. 119).

En haut, à gauche, il y a le chiffre et l'année 1510.

— *Le Martyre de sainte Catherine* (B. 120).

Le monogramme est en bas.

— *Sainte Madeleine transportée au ciel par les anges* (B. 121).

Le chiffre est en bas.

DIFFÉRENTS SUJETS PIEUX.

251 — *La Sainte Trinité* (B. 122).

Le chiffre et l'année 1511 sont en bas.

— *Jésus-Christ apparaissant à saint Grégoire* (B. 123).

Le chiffre et l'année 1511 sont sur une pierre, en bas, à gauche. Épreuve collée en plein.

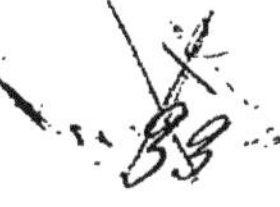

252 — *Lé Jugement universel* (B. 124).

Le chiffre est en haut.

— *La Décollation de saint Jean-Baptiste* (B. 125).

Le chiffre est en bas.

— *Hérodiade recevant la tête de saint Jean* (B. 126).

En bas le chiffre et l'année 1511.

SUJETS PROFANES.

253 — *Ercules* (B. 127).

Ce nom se lit sur une banderolle en haut de l'estampe. En bas il y a le monogramme.

— *Le Bain* (B. 128).

Le chiffre est en bas.

254 — *Un homme à cheval allant au galop* (B. 131).

Le chiffre est en bas.

— *La Mort montrant le sablier à un soldat* (B. 132).

En haut, l'année 1510, et en bas, à droite, le chiffre du maître. A la suite, un poëme en allemand en trente-huit distiques.

255 — *Dessin du Rhinocéros que l'on a apporté de l'Inde à Lisbonne, en 1515* (B. 136).

C'est un rhinocéros dont le roi Emmanuel a fait présent à l'empereur Maximilien Ier.

Estampe de première édition (B. 136). En haut, il y a cinq lignes et demie en allemand.

La même estampe. En haut, à droite, on lit : 1515. RHINOCÉROS, et le chiffre du maître. Épreuve de la troisième édition.

256 — *Le Siége d'une ville* (B. 137).

En bas le chiffre et l'année 1527. Estampe formée de deux morceaux en largeur.

257 — *Le Char triomphal de l'empereur Maximilien I*er (B. 139).

Peint par Albert Durer, dans la salle de l'Hôtel-de-Ville, à Nuremberg, et gravé en bois, par Jérôme Resch, en 1522.

« Ce morceau, dit Bartsch, est un chef-d'œuvre de l'art de la gravure en bois et le plus beau de tous ceux de ce genre que l'on ait d'Albert Durer. Le dessin, correct et plein de goût, ne permet pas de douter que le maître ne l'ait tracé lui-même sur les planches. Il faut aussi admirer le rare talent du graveur qui l'a exécuté en bois. Cette estampe est composée de huit planches, toutes très-belles et faites pour être réunies en largeur. »

La première représente l'empereur sur un char magnifique, attelé de douze chevaux. Il est entouré de personnages allégoriques, parmi lesquels on distingue la Justice, la Clémence, l'Équité, la Tempérance, la Vérité, etc. En haut de l'estampe on lit : QUOD. IN. CŒLIS. SOL. HOC. IN. TERRA. CAESAR EST. Et, sur un écusson, à droite : In. Manv. Dei. Regis. est. ft. Cette épreuve est doublée.

Sur la seconde planche il y a , Veri Principis Imago. Et dans la marge, au bas, à gauche, la lettre B. Les personnages sont : Fortitudo , Intelligentia ; Prudentia, etc.

Sur la troisième on lit : Currus hic Triumphalis ad honorem invictissimi et gloriosissimi Principis divi Maximiliani Cæsaris semper Augusti Concinnatus, ac per Albertum Durer delineatus est. Les personnages sont : Providentia et Moderatio. Au bas la lettre C.

Sur la quatrième : Alacritas et Oportunitas. Au bas la lettre D.

Sur la cinquième : Velocitas , Firmitudo. Au bas la lettre E.

Sur la sixième : Acrimonia, Virilitas. Au bas la lettre F.

Sur la septième : Audatia, Magnanimitas. Au bas la lettre G.

Sur la huitième : Experientia, Solertia. Au bas la lettre H.

Sur cette dernière planche on lit : Excogitatus et depictus est currus iste Nürembergæ. Impressus vero per Albertum Durer. Anno M.D.XXIII.

DESSINS DE BRODERIES.

Suite de quatre pièces (B. 140-145).

258 — La première, avec un écusson suspendu au milieu (B. 140).

Épreuve de premier état avant le chiffre sur l'écusson.

— La seconde, avec un écusson rectangulaire au milieu (B. 141).

Épreuve de premier état.

— La troisième, avec un cercle au milieu et le chiffre d'Albert Durer (B. 142).

— La quatrième, avec un fond noir au milieu (B. 143).

Épreuve de premier état avant le chiffre gravé en blanc sur le fond noir.

Belles épreuves avec marges.

259 — *Trois pièces pour la perspective de Paul Pfintzing l'aîné* (B. 146-147-149).

A la seconde, le monogramme et l'année 1525 sont en haut.

260 — *Imagines cœli septentrionalis* (B. 151).

Le chiffre est au bas. Épreuve avant l'inscription.

— *Imagines cœli meridionalis* (B. 152).

Épreuve avant l'inscription et la dédicace.

PORTRAITS.

261 — *L'Empereur Maximilien Ier* (B. 154).

En haut, dans une banderolle, il y a : Imperator Cœsar, etc.

262 — *Ulrich Varnbuler* (B. 155).

Épreuve en noir. On lit, en haut : Vlrichus Varnbvler. ꝛꝯ. MDXXII.

263 — *Le même portrait.*

Épreuve en camaïeu, à trois planches.

264 — *Albert Durer vu de profil* (B. 156).

Seconde épreuve. Quelques raccommodages.

265 — *Armoiries de la famille de Behem* (B. 159).

Sans marge. Les bords sont soutenus.

— *Les Armoiries de la famille de Kresen de Kresenstein et Kraftshof* (B. 161).

Belle épreuve.

— *Les Armoiries de Hector Pömer* (B. 163).

En bas, dans la marge, il y a trois inscriptions : une en hébreu, une en grec et la troisième en latin. Dans l'estampe, en bas, à droite, il y a : RA. 1521. Épreuve sans marge et collée.

266 — *Soli Deo gloria* (B. 170).

Un écu représentant un homme vu à mi corps sonnant de la trompe. En haut il y a l'inscription ci-dessus, et, vers le bas, à droite, le chiffre d'Albert Durer.

APPENDICE.

267 — *Jésus-Christ à la croix* (B. 6).

— *La Vierge assise sur un banc de gazon* (B. 13).

Seconde épreuve avec le chiffre en haut, à gauche.

— *Saint Martin à cheval* (B. 18).

Le chiffre est en haut, à droite.

268 — *Sainte Barbe* (B. 24).

Seconde épreuve avec le chiffre d'Albert Durer. Elle est collée en plein.

— *Sainte Catherine* (B. 25).

Seconde épreuve avec le chiffre, à droite, en haut. Elle est renmargée.

— *Charles V* (B. 41).

En haut, il y a : Carolus rex Hispaniæ, 1519. Le chiffre est au bas, à droite. Belle épreuve.

268 bis — *OEuvre d'Albert Durer.*

Photographié par MM. Bisson frères, d'après la collection appartenant à M. Simon.

Paris, Clément, 1857. 28 livraisons, in-folio, de quatre photographies chacune, montées sur papier Bristol.

DYCK (Antoine Van)

Peintre, né à Anvers en 1599, mort à Londres en 1641.

269 — *Le Christ au roseau.*

Jésus insulté par ses bourreaux. Un d'eux lui présente un roseau.

Au bas il y a les quatre vers suivants :

> Ecce stat innocuus spinis redemitus acutis,
> Æmula sunt cuius bella labella rosis :
> Et verò Iudææ illudis arundinē Regi,
> Impie sed nescis te mala quanta manent.

A gauche : Anton. Van Dyck inuen. A droite : Cum priuilegio.

Il y a trois états de cette estampe, sans compter une épreuve d'eau-forte pure, que possède, dit-on, le duc de Devonshire.

Premier état, c'est celui qui est décrit ici.

Deuxième état, comme le premier ; mais il y a de plus l'adresse de Bonenfant.

Troisième état, après les mots : Cum priuilegio, il y a : Regis, et après inuen, il y a : Et fecit aqua forti. L'adresse de Bonenfant est effacée.

Notre épreuve est de premier état.

270 — *Le Titien considérant sa maîtresse.*

Estampe gravée d'après Tiziano. Dans la marge du bas on lit les vers suivants :

> Ecco il belveder ! ô che felice sorte !
> Che la fruttifera frutto in ventre porte.
> Ma Ch'ella parte, ô me ! vita et morte piano
> Demoustra l'arte del magno Titiano.

Au-dessous il y a une dédicace à Luca Van Uffel, par Van Dyck, en deux lignes. Très-belle et très-rare épreuve avant les mots : A. Bonenfant excu.

C'est le troisième état de Carpenter. Les deux premiers états sont des épreuves non terminées.

EDELINCK (Gérard)

Graveur au burin, né à Anvers vers 1640, mort à Paris en 1707.

271 — *La Sainte-Famille,* d'après Raphaël (R. D. 4). 200

La Vierge s'incline pour recevoir l'Enfant Jésus qui s'élance pour l'embrasser ; sainte Élisabeth, à la droite de la Vierge, présente à Jésus le petit saint Jean qui joint les mains ; à la gauche de la Vierge on voit saint Joseph, la tête appuyée sur sa main. Dans le haut il y a deux anges, dont un répand des fleurs sur la Vierge. Au bas, dans la marge, à gauche, on lit : *La Sainte famille de Jésus-Christ, d'après le tableau de Raphaël d'Urbin, haut de 6 pieds 5 pouces et large de 4 pieds 3 pouces, qui est au cabinet du Roy.* A droite la même inscription en latin. A gauche : *Raphaël Pinx.* A droite : *G. Edelinck sculp.*

Cette estampe a été gravée d'après le tableau de Raphaël qui est au Musée. On a cru longtemps que ce tableau avait été donné à François Ier par Raphaël, comme témoignage de la reconnaissance du peintre pour la générosité avec laquelle le roi de France avait payé le tableau de saint Michel. Mais il résulte d'une correspondance entre Goro Gheri de Pistoïa et Baldassare Turini, de Pescia, ami de Raphaël, et l'un de ses exécuteurs testamentaires, que le saint Michel et la Sainte-Famille ont été commandés à Raphaël par Lorenzo di Medici, duc d'Urbin, alors en France. Cette correspondance a été publiée dans le *Carteggio* de Gaye. M. Villot en a donné la traduction dans la notice des tableaux du Louvre.

Quant à la gravure d'Edelinck, c'est un chef-d'œuvre. On sait qu'il n'y en a que deux épreuves avant la lettre, ou de premier état. L'une est dans la collection du prince Charles; elle vient du cabinet Borduge. L'autre est à la Bibliothèque-Impériale. Elle vient du cabinet Paignon-d'Ijonval. Elle a été achetée 2,300 fr., en 1834, à la vente du Duc de Buckingham. Les épreuves de second état, comme celle qui est décrite plus haut, sont avant les armes de l'abbé Colbert. Celle-ci est une très-belle épreuve de second état.

272 — *La Famille de Darius aux pieds d'Alexandre.* (R. D. 42).

Grande estampe de deux feuilles qui se réunissent en une seule. Elle est connue sous le titre de : *la Tente de Darius.*

Dans la marge, à gauche : *C. Le Brun, Pinxit. G. Edelinck, sculpsit.* Premier état, avant les mots : Gravé par le Sʳ Edelinck, d'après le tableau, etc. Très-rare.

FLIPART (Jean-Jacques)

Graveur au burin, né à Paris en 1723, mort dans la même ville.

273 — *L'Accordée de Village.*

Peint par Greuze. Gravé par Flipart en 1770.

— *Le Paralytique servi par ses enfants.*

Peint par J.-B. Greuze. Gravé par J.-J. Flipart. 1767. In-folio en travers. Troisième état.

GARNIER (Hippolyte-Louis)

Peintre et lithographe, né à Paris en 1802.

274 — *La Mère convalescente en action de grâces.*

Peint par Beaume. Gravé par Hippolyte Garnier Aqua-tinta, in-folio en hauteur.

— *L'Effroi pendant l'orage.*

Peint par Beaume. Gravé par Hippolyte Garnier. Aqua-tinta, in-folio en hauteur.

GELLÉE (CLAUDE), DIT LE LORRAIN

Peintre et graveur à l'eau-forte, né à Chamagne en 1600, mort à Rome en 1682.

275 — *Le Bouvier* (R. D. 8).

Srestel

Un berger, assis, souffle dans un instrument que les uns nomment une corne, les autres un flageolet.

Dans la marge du bas, à droite, il y a une inscription dont la fin est illisible : *Claudius in et F. Romæ, 1636.* Le reste est indéchiffrable. M. Robert Dumesnil a fait graver l'inscription entière, mais il est aussi difficile d'en lire la fin que dans la pièce originale. Épreuve de premier état, avant le n° 4, dans la marge de gauche. Très-rare.

276 — *Le Dessinateur* (R. D. 9).

Sricken

C'est une vue des environs d'un port que dessine un homme assis sur une pierre à la gauche de l'estampe. Épreuve de deuxième état avec le n° 5 dans la marge de gauche, mais avec les angles aigus.

277 — *La Danse sous les arbres* (R. D. 10).

Un pâtre et deux villageoises dansent à l'ombre de grands arbres, au son d'une cornemuse que fait entendre un musicien assis sur un arbre renversé Près de lui sont des villageois et des jeunes filles. Effet de soleil couchant. Cette estampe, sans aucune lettre, est de premier état, c'est-à-dire avant le n° 6 dans la marge. Très-rare.

278 — *Le Port de mer au fanal* (R. D. 9).

Holloway

Marine. Effet de soleil levant.

Dans l'estampe, au milieu en bas, il y a CL. L.

Bonne épreuve d'un état non décrit par M. R. D. avec le n° 7 dans la marge, à gauche, mais avec le trait carré bien marqué aux coins et dans la marge du bas N 44.p 8.

M. Robert Dumesnil a commis plusieurs erreurs dans la description de cette planche et de ses divers états : 1o Le bateau monté par trois matelots ne remorque pas le vaisseau qui est à l'ancre à gauche et dont on ne voit qu'une partie. Le vaisseau est mouillé sur deux ancres dont on aperçoit les câbles. Le bateau transporte deux personnes, un homme et une femme, et ne remorque rien ; 2o.La signature qui est au milieu en bas n'est pas CL. I., mais CL. L. ;

279 — *Le Port de mer à la grosse tour* (R. D. 13).

Marine. Effet de soleil couchant. Sur le devant, des portefaix transportent des ballots, dont l'un est marqué 1641, en chiffres écrits à rebours. Cette pièce n'a point de signature. Épreuve de deuxième état, avec le no 9 dans la marge de gauche et les coins du trait carré bien marqué aux angles.

280 — *Le Pont de bois.*

Vers le milieu, un peu à gauche, on voit un pont de bois que traverse un troupeau suivi par trois personnes, au-dessus il y a un beau groupe d'arbres ; à droite, sur le devant, un homme assis parle à un voyageur.

A gauche, au loin, on voit d'autres troupeaux avec les bergers qui les conduisent.

Plusieurs personnes regardent cette pièce comme douteuse, cependant elle a bien les caractères des gravures du maître. L. 189m, H. 124.

Épreuve avec le no 10 dans la marge de gauche.

281 — *Le Soleil couchant* (R. D. 15).

C'est une vue de la mer au soleil couchant.

Très-belle composition, le chef-d'œuvre du maître. Cette estampe fait partie d'une suite de douze pièces numérotées dans la marge, du côté gauche ; celle-ci porte le n⁰ 11. M. Robert-Dumesnil en décrit cinq états différents. Notre épreuve est du troisième état.

Elle est avec le n° 11, avant le millésime 1634, et dans la marge du bas, à droite, on lit l'inscription suivante :

Claudius. Claudiust in et Fe Romæ Sup Licentia. (Cette inscription est de la main du maître.) Belle épreuve, rare de cet état.

282 — *Le Départ pour les champs* (R. D. 16).

Un troupeau, composé de vaches, de moutons et de chèvres, est conduit par un berger. Cette estampe forme le n⁶ 12 de la suite. Il y a en trois états différents ; notre épreuve est du second état, avec le n° 12 dans la marge de gauche, vers le bas, et tous les angles du trait carré bien marqués. Les épreuves de cet état sout rares. Belle et vigoureuse épreuve.

283 — *Le Chevrier* (R. D. 19).

Il est assis au pied d'un arbre ; son troupeau est à gauche.

Gravée d'une pointe légère, d'une manière un peu différente des autres pièces du maître. Dans la marge du bas, tout à fait à gauche, on voit les lettres A. G. et la date 1633, très-faiblement marquées. Ce ne sont point les initiales de Claude, et l'inscription n'est pas de sa main, cependant on s'accorde généralement à regarder cette estampe comme étant de lui. Épreuve du second état. Rare.

284 — *Le Temps, Apollon et les Saisons* (R. D. 20).

Belle épreuve de premier état. Cette composition rappelle Poussin. Dans la marge du bas on lit l'inscription suivante : Apollo in atto di obedire al tempo. La Primauera a Cominciare il ballo. Lestate non manca del suo calore. Laûtunno colsuo licore seguita. Linuerno ticne la suá staggione: Claudio Gillée inuen. Fec. Roma. 1662 con licenza de super. Rare.

Il y a, au British Museum, une épreuve avant la lettre, alcrs le premier état de M. Robert-Dumesnil ne serait que le second état.

285 — *Berger et Bergère conversant* (R. D. 21).

130

M. Robert-Dumesnil décrit cinq états différents de cette estampe. Celle-ci est du premier état, à l'eau-forte pure et avant la lettre. On reconnaît cet état 1° à la ville fortifiée, qui, plus tard, a été remplacée par des montagnes ; 2° une chèvre et un tronc d'arbre, placés au bas dans le coin à droite, ont manqué à l'eau-forte et sont à peine indiqués ; 3° le groupe d'arbres, qui est à peu près au milieu de l'estampe, s'élève jusque près du bord supérieur de l'estampe (7 millimètres) ; dans le deuxième état il s'en éloigne beaucoup. Les épreuves de cet état sont d'une beauté surprenante et d'une rareté extrême, mais elles manquent un peu d'effet. Celle-ci est couverte de barbes, notamment sous les pieds des moutons les plus en avant ; au-dessus des cornes des deux vaches qui sont auprès d'eux ; sous la rame d'un des hommes qui conduisent la barque. Elle est brillante et d'une légèreté que n'ont plus les états suivants.

286 — *La même estampe.*

72

C'est le second état. Toute la planche a été retouchée au burin et mise à l'effet. Le sommet du groupe d'arbres, vers le milieu de l'estampe, est éloigné de 45 millimètres du bord supérieur ; dans le premier état il n'en est qu'à 7 millimètres. Le tronc d'arbre qui est derrière la chèvre qui broute, dans le coin à droite, a été refait, et il est ombré. Le reste est comme dans le pre-

mier état; les barbes se voient encore, mais faiblement.
Ce second état, aussi avant la lettre, est encore très-
rare. Très-belle épreuve.

287 — *L'Enlèvement d'Europe* (R. D. 21).

Sur une pierre on lit : CLAUDIO GILLÉE. I. N. V. F.
ROMÆ. 1634. (Cette inscription est de la main du
maître). Belle épreuve de premier état.

Toutes les estampes gravées par Claude Lorrain, dit
M. Robert-Dumesnil, sont un des principaux ornements
des collections les mieux choisies : on les recherche
avec passion, et les bonnes épreuves en sont rares ;
elles témoignent seules du puissant savoir de Claude,
et sont autant de diamants que les amateurs se dispu-
tent à des prix souvent fort élevés.

GHISI (GEORGES), DIT LE MANTOUAN.

Dessinateur et graveur au burin. né à Mantoue vers 1520, mort en 1582.

288 — *Le Jugement de Pâris* (B. 60).

A gauche, sur une pierre, il y a : Baptista Bertano
Mantuæ — Nus inventor — Georgius Ghisi Mantuanus
fecit. Hieronymus Cock excude. M. D. L. V. Cü. Gra.
et pre. Cæs. ad Sexenium.

GIRARD (ALEXIS-FRANÇOIS)

Graveur au burin, né à Vincennes en 1789.

289 — *Le Gage d'amour.*

P.-E. Destouches, pinxit. — Fˢ Girards, sculptʳ. Gr.
in-fol. en hauteur.

— *La Correspondance.*

P.-E. Destouches, pinxit. — Fˢ Girard , sculptʳ. Gr.
in-fol. en hauteur.

GIRARDET (ABRAHAM)

Graveur au burin, né à Locle en 1764, mort à Paris en 1823.

290 — *L'Apothéose d'Auguste.*

Morceau gravé d'après l'agathe Onix de la Sainte-Chapelle, par Girardet, sur le dessin de Buillion. Premier état avant la lettre. Le nom du dessinateur et celui du graveur ne sont tracés qu'à la pointe.

GMELIN (GUILLAUME-FRÉDERIC)

Graveur à l'eau-forte, au burin et à l'imitation de lavis, né à Badenweiller en 1745, mort à.....

291 — *Le Temple de Vénus.*

Au bas, à droite, dans la marge : W. F. Gmelin fec. Romæ (d'après Claude le Lorrain). 1re épreuve avant la lettre, sur papier vélin.

GOLTZ DIT GOLTZIUS (HENRI)

Peintre et graveur au burin, né à Mulbrecht en 1558, mort à Harlem en 1617.

292 — *La Vierge pleurant sur le corps de Jésus-Christ* (B. 41).

Estampe dans laquelle la manière d'Albert Durer est très-bien imitée. Le chiffre est en bas, au milieu, sur une pierre quarrée ; à droite, près des jambes du Christ et un peu au-dessus du genoux, on lit A° 96. — Belle épreuve.

GREEN (VALENTIN)

Graveur à la manière noire et à l'aqua-tinta, né à Londres vers 1707, mort en 1800.

293 — *Le Prophète Élie et le jeune Samuel.*

Painted by J. S. Copley. Engraved by V. Green. Published by V. Green. 1780. Gr. in-fol. en hauteur.

HACKAERT (Jean)

Peintre et graveur à l'eau-forte, né à Amsterdam en 1635.

294 — Son œuvre en six pièces (B. tome IV, p. 289).

Le Bourg.

Dans la marge du bas, à gauche, on lit : *Joannes Hackaert invent. et fecit,* — et à droite, *Clément de Joughe, ex cud., Amst. I.*

Le Chemin serpentant.

Au bas, à droite, sur l'eau du ruisseau, il y a les lettres I. H., et dans la marge le nº 2.

Le Ruisseau étroit.

Sans aucune lettre ni signature, au bas, à droite, mais dans l'estampe, il y a le nº 3.

L'Arbre incliné.

Sans lettres ni signature, à droite, dans la marge, le nº 4.

Les quatre Arbres.

Sans lettres ni signature, le nº 5 est dans la marge à droite.

Le Rocher baigné par la rivière.

Sans lettres ni signature. Le nº 6 est dans la marge à droite.

Belles épreuves et bien conservées. Elles sont conformes à la description de Bartsch.

WENCESLAS HOLLAR

Graveur à l'eau-forte, né à Prague en 1607, mort à Londres en 1677.

295 — *La Cathédrale d'Anvers.*

Prospectvs Tvrris ecclesiæ Cathedralis, beatissimæ Virginis Mariæ Dei-paræ Antverpiæ, occidentem versus.

A gauche, dans l'estampe, au bas, il y a : Wenceslaus
Hollar delineavit et fecit, 1640. Première épreuve avec
une seule ligne d'écriture au bas, avant l'adresse de
Gilles Hendrick, et avant la troisième taille sur la maison qui est à droite.

296 — *La Cathédrale de Strasbourg.*

Turris et Ædes Ecclesiæ Cathedralis Argentinensis.
Et au-dessous : A Venceslao Hollar Bohèmo, primo ad
vivum delineata, et aqua forti æri insculpta, A°, 1630.
denuoꝗ facta Antuerpiæ A°, 1645. Très-belle épreuve.

LUCAS DE LEYDE

Peintre, graveur au burin et à l'eau-forte, il a aussi gravé sur bois, né à Leyde en 1494,
mort dans la même ville en 1533.

297 — *La Conversion de saint Paul* (B. 107).

Sur le devant de l'estampe, S. Paul s'avance entre
deux hommes dont l'un conduit son cheval par la bride.
Autour de lui il y a beaucoup de gens armés. Vers la
droite, en bas de l'estampe, il y a une tablette avec le
chiffre L et l'année 1509. Lucas de Leyde n'avait donc
pas 16 ans lorsqu'il grava cette belle pièce, qui est une
des plus considérables et des plus rares de son œuvre.
Plus on étudie les travaux de cet artiste éminent, plus
on acquiert la conviction que la date de sa naissance
(1494) est au moins douteuse. Notre épreuve a une
tache de mouillure.

298 — *Jésus-Christ présenté au peuple* (B. 71).

Jésus-Christ, placé sur une plate-forme qui est devant
le prétoire, est présenté au peuple par Pilate. Au bas
de la plate-forme on voit une foule de peuple qui tend
les bras vers Pilate. A droite, sur une grande pierre
brute, on voit la lettre L et la date de 1510. Le fond
et toute la gauche de l'estampe sont couverts de cons-

tructions très-bien ordonnées, la perspective linéaire est surtout remarquable ; on sait qu'elle dépend entiè- rement de la géométrie. Ce serait donc une chose extraordinaire qu'un jeune homme de seize ans, âge de Lucas de Leyde en 1610 si la date de sa naissance était exacte, ait pu acquérir des connaissances assez éten- dues dans les sciences et être déjà compté parmi les artistes de premier ordre. On peut ajouter à ces con- ditions là que, par la suite, il n'a rien fait de mieux que cette planche et la précédente.

Notre épreuve est tachée et a des restaurations.

299 — *Le Calvaire* (B. 74).

Vasari place Lucas de Leyde au nombre de ceux qui ont excellé dans le maniement du burin, et le Calvaire passe pour être le chef-d'œuvre de cet artiste. C'est donc une superbe estampe. Elle est couverte de figures. Les lointains sont très-bien entendus, soit comme perspec- tive linéaire, soit comme perspective aérienne ; cela est surtout remarquable dans le groupe des trois croix.

Le chiffre du maître est en bas, au milieu de l'es- tampe, et l'année 1517 est à droite.

Très-belle épreuve d'un état non décrit par Bartsch, l'année est écrite dans le sens convenable, le 7 ressem- ble à un V renversé ; mais à côté de l'année on aperçoit des traces d'une adresse d'éditeur. Dans les épreuves de premier état, l'année est écrite à rebours (7151).

Cette estampe est d'une rareté extrême, surtout en belle épreuve.

Il y a un pli de papier qui traverse l'estampe par le milieu dans sa hauteur.

300 — *Le Christ couronné d'épines.* (B. 69).

Jésus-Christ, assis sur une pierre, est entouré de bourreaux. Dans le fond il y a plusieurs spectateurs. Le chiffre du maître est en bas à droite. Sur le mur d'appui de la tribune, il y a l'année 1519. Belle épreuve.

LIGNON (Étienne-Frédéric)

Graveur au burin, né à Paris en 1781, mort dans la même ville.

301 — *La Vierge au poisson.*

A gauche on lit : Peint par Raphaël ; à droite : gravé par Fréd. Lignon.

Au bas : Imprimé par Durand et Sauve.

Épreuve avant l'inscription

MARCENAY DE GHUY (Antoine)

Peintre et graveur, né à Arnay-sur-Arou en 1722, mort à Paris en 1811.

302 — *Idée de la gravure.*

Lettre sur l'Encyclopédie, au mot Gravure, et Catalogue raisonné des planches de l'œuvre de M. de Marcenay de Ghuy, par M. de Marcenay de Ghuy.

Paris, l'auteur, et chez Wille, quai des Augustins, 1764, in-fol , br.

On a ajouté le n° 10 : Tobie recouvrant la vue, avant la lettre, plus, 36 pièces du même graveur.

MARQUET (A)

Peintre d'histoire à Lyon.

303 — *L'Ascension de N. S. J. C. du Pérugin, d'après le tableau original de Lyon.*

Collection unique de 12 grandes feuilles lithographiées, calquées, dessinées avec le plus grand soin, avant sa restauration, par Marquet. Gr. in-fol. sur papier de Chine.

MASSARD (J.-B.-Raphael-Urbain)

Graveur au burin, né à Belesme en 1740, mort à Paris en 1822.

304 — *Sainte Cécile.*

Dédié à sa Majesté impériale et royale Marie-Louise, archiduchesse d'Autriche, par son très-humble et très-fidèle sujet Massard. D'après le tableau original qui est au musée Napoléon. A gauche, il y a : Peint par Raphaël d'Urbin ; à droite : Gravé par Raphaël Urbain Massard. A Paris, chez l'auteur, rue des Postes, 36.

MASSON (Antoine)

Graveur au burin, né à Louvry en 1636, mort à Paris en 1700.

305 — *Marin Cureau de La Chambre* (R. D. 24).

Il était médecin ordinaire du Roi et membre de l'Académie française. Le portrait est dans une bordure ovale ; dans la marge du bas en une seule ligne, il y a : *Marin Cvrievs a camera Cenoman, Regi a Sanctior. Consil. et med. ord. Ætat. 70.* Dans les angles, on lit : *P. Mignard Romanus Pinxit. Ant. Masson, sculpebat 1665.* Belle épreuve de premier état, avant les contretailles sur la joue gauche.

306 — *Guillaume de Brisacier* (R. D. 15).

Secrétaire des commandements de la Reine (Marie-Thérèse d'Autriche, femme de Louis XIV). Le portrait est dans un ovale, la tête tournée vers la gauche et regardant le spectateur. Au bas de l'ovale, il y a des armoiries dans un cartouche d'où sortent des branches d'olivier. *N. Mignard Auenionensis Pinxit. Ant. Masson Sculpebat, 1664.*

Épreuve de premier état, avant les noms et la qualité du personnage inscrit autour de l'ovale.

Cette estampe est un des chefs-d'œuvres du maître ; notre épreuve est très-belle.

MERCURY (Paul)

Peintre, sculpteur et graveur à l'eau-forte et au burin, né à

307 — *Portrait de Madame de Maintenon.*

Ce portrait est dans une couronne de fleurs avec un entourage orné d'arabesques ; au dessus, il y a les armes de la marquise ; en bas, dans une banderole : *François d'Aubigné, marquise de Maintenon*; en haut : *née en 1635, morte en 1719*; au-dessous de l'entourage, on lit : *P. Mercury, d'après Petitot*, 1847. Ce portrait est d'une finesse extrême.

MÉRYON (Charles).

Dessinateur et graveur à l'eau-forte, né à Paris en 1821.

307 bis — *Eaux-fortes sur Paris.*

Par C. Meryon. 20 pièces in-fol., dont le portrait du graveur et des vues de Paris. Paris, 1852.

MILLET (Jean-François) dit Francisque

Né à Anvers en 1643, mort à Paris en 1680.

Son œuvre en trois pièces, Paysages dans le goût de Poussin.

308 — *Les Deux Amants* (R. D. nº 1).

Deux personnes, un homme et une femme, sont assis au pied d'un arbre et causent ensemble ; devant eux, à gauche du spectateur, il y a un chemin passant devant un groupe d'arbres et conduisant à un temple que l'on aperçoit vers le fond. Au bas de l'estampe, du même côté, il y a : F M groupés en monogramme, et à la suite, in ; toutes ces lettres sont retournées. Belle épreuve, mais renmargée. Largeur 163 ; hauteur 137.

309 — *Le Voyageur* (R. D. 2).

Vers le milieu de l'estampe, on voit un homme qui s'avance vers le spectateur, il porte un ballot et est appuyé sur un bâton; près de lui, à gauche, il y a un grand arbre, et plus loin, deux personnes assises. A gauche, dans le fond, on voit deux tours carrées, auxquelles on arrive par une arche.

Belle épreuve avec marges. Largeur 165; hauteur 138.

310 — *Ville antique* (R. D. 3).

Dans le bas, à gauche, un homme assis pêche à la ligne au bord d'un ruisseau; plus loin, du même côté, on voit des ruines. Le milieu de l'estampe est occupé par une ville. Largeur 160; hauteur 136.

MORGHEN (Raphael)

Graveur à l'eau-forte et au burin, né à Florence en 1758, mort en 1833.

311 — *La Cène.*

Gravée d'après la fresque de Léonard de Vinci, peinte au réfectoire des Dominicains, à Milan. Il y a six états différents de cette estampe, notre épreuve, que l'on doit regarder comme non terminée, est antérieure au premier état. Elle est avant l'inscription, avant la dédicace et les armes. A gauche, la signature *Leonardus Vincius pinxit* est assez mal écrite; le V de Vincius est arrondi par le bas, tandis que dans les épreuves qui suivent, le V est pointu. A droite, il y a : *Raphael Morghen sculpsit aqua forti;* dans les trois derniers états, il y a seulement : *Raphael Morghen sculpsit;* de plus, la lettre S de sculpsit est prolongée bien au-dessous du corps de l'écriture. Les deux premières tentures, vers le bord droit de l'estampe, sont couvertes d'une seule taille horizontale dans leur moitié supérieure, les arabesques qui recouvrent ces tentures sont bien marquées et très-visibles; dans les autres états, les tentures sont couvertes de tailles croisées et il faut une certaine attention pour apercevoir les arabesques. Le plat qui est devant le troisième personnage en allant de droite à gauche (Saint André) est blanc; la tranche du pain qui est dessus est blanche, et le dessus n'est couverte que d'une taille; il n'y a point de lettres sur le plat. Il est inutile d'ajouter que l'épreuve que je viens de décrire est d'une grande beauté.

312 — *La même estampe.*

On lit au bas l'inscription suivante : AMEN DICO VOBIS QUIA UNUS VESTRUM ME TRADITURUS EST. *Matt. c. XXVI*; au-dessous, il y a cette dédicace : *Ferdinando III Aus-triaco Magno Hetruriæ Duci. Raphael Morghen D. D. D*; au milieu, séparant en deux l'inscription précédente, on voit les armes de Ferdinant III; au-dessous de l'inscription, il y a, à gauche : *Leonardus Vincius pinxit*; au milieu : *Teodorus Matteini delineavit;* à droite : *Raphael Morghen sculpsit.* Sous l'inscription, au milieu, on lit : *Leonardus a Vincio pinxit Mediolani in Caena-culo Fratrum S. Dominici*; et à gauche : *Nicolaus de An-tonj excudit.* Belle épreuve de sixième état.

Puisque l'occasion s'en présente, je décrirai ici tous les états que je connais de cette belle estampe, la description de Palmerini étant incomplète.

Premier état de la planche terminée. Au bas, dans la marge, il n'y a ni inscription, ni dédicace, mais on voit au milieu les armes de Ferdinand III. Le plat qui est devant saint André (le troisième personnage en allant de droite à gauche) est blanc; sur ce plat, il y a un morceau de pain dont la tranche est blanche, le dessus du pain n'est couvert que d'une seule taille. Sur le plat, il y a la lettre R à gauche et la lettre M à droite.

Deuxième état. Avec les noms des artistes, tracés à la pointe sèche, mais sans inscription ni dédicace; au bas, il y a les armes et sur le plat il y a encore les lettres R. M.

Troisième état. Même description que la précédente, mais avec la dédicace au trait seulement dans la marge du bas. Le plat est couvert de tailles, les lettres R. M. ont disparu.

Quatrième état. Avec la dédicace à Ferdinand et l'inscription *Amen dico vobis* etc.; mais avant la virgule après le mot *vobis*.

Cinquième état. Avec la dédicace à Ferdinand et l'inscription latine *Amen dico vobis* etc.; mais avec une virgule après le mot *vobis*.

Sixième état. Avec la dédicace et l'inscription, mais avec la virgule effacée. Cet état se distingue du quatrième en ce qu'il y a un point très-petit sous la lettre R du mot Raphaël de la signature du graveur.

Voici les épreuves non terminées que je connais :

1º Épreuves à l'eau-forte seulement;

2º Épreuves à l'eau-forte, mais avec quelques travaux aux vêtements. La tête de saint Barthélémy seule est terminée. Il est probable qu'il y a des épreuves plus avancées encore, mais dans lesquelles il y aurait toujours certaines parties à l'eau-forte seulement;

3º La planche est entièrement couverte de travaux; cependant, on ne doit pas la regarder encore comme terminée. L'estampe n'a pas l'effet qu'elle aura par la suite, c'est la première des deux épreuves de M. Simon, celle qui est décrite en tête de cet article.

MULLER (FRÉDÉRIC)

Graveur, né à Stuttgard en 1782, mort au château de Sonnestein, près Pirna, le 13 mai 1816.

313 — *Saint Jean l'évangéliste.*

Gravure faite d'après un tableau du Dominiquin.

An bas, on lit : Da Gerieth ich am Tage des Herrn in eine Entzükung, und horte hinter mir eine stimme gleich dem Poaunen schalle. Apocal. I. 10. (Le jour du Seigneur, je fus ravis en esprit, et j'entendis derrière moi une voix semblable au son de la trompette.)

Seinem Vater und meister Johan Gotthard Muller.

Nach dem Gemalde in der Samlang des Herrn Regierungraths V. Fromman zu Stuttgard. Gervidmet von dem Verfasser.

Domeñichino pinxit. F. Muller del et sculpt., 1812. Belle épreuve.

MULLER (JEAN-GOTHARD)

Né à Berhausen ec 1747.

314 — *La Mère Brigide.*

P. A. Wille fil. del. G. Muller., sc., 1771, in-4.

— *La Petite Javotte.*

P. A. Wille filius del. G. Muller, sc., 1772, in-4. Voir aux dessins nº 65.

NAIWJNCX (H.)

Graveur à l'eau-forte, dont on n'a aucun renseignement biographique.

Son œuvre, en seize pièces. Toutes sont des paysages (B. tome IV, p. 81).

315 — *Première suite de huit estampes.* (B. 1 à 8).

Numérotées à gauche en haut, excepté la première qui est numérotée à droite.

Voici leurs titres que nous empruntons au Catalogue Rigal :

1º La Colline.
2º Le Rocher.
3º La Rivière près du bois.
4º La Cascade.

5º Les Trois arbres et le petit bois.

6º Le Pont près des montagnes.

7º Le Chemin près du rocher.

8º La Rivière entre les rochers.

Ces estampes sont sans aucune lettre, si ce n'est la première, au bas de laquelle on lit, à droite, dans l'estampe : Clément de Ionghe excud ; et en haut, à gauche H, Naiwincx. F. et Inv.

Belles épreuves de premier état.

316 — *Seconde suite de huit estampes* (B. 9 à 16).

Numérotées en haut, à gauche ; sur la première, on lit, au bas : Clément de Ionghe, excud, et en haut, à droite : H. Naiwincx. In et F :

1º Les deux grands arbres au bord du chemin.

2º Les deux grands arbres près de la rivière.

3º Le Rocher couvert de buissons.

4º Le sentier au bord de la rivière et le petit pont de bois.

5º Le Ruisseau au pied des rochers.

6º La Chute d'eau.

7º Le Bois au bord de la rivière.

8º Les trois arbres près du rocher.

Le nº 11, qui est toujours faible d'épreuve, est ici fort beau.

Belles épreuves du premier état.

Ces pièces, dit Bartsch, font les délices de tous les connaisseurs, et on ne cessera jamais de les rechercher comme les ornements d'une collection choisie.

NANTEUIL (Robert)

Peintre au pastel et graveur au burin, né à Reims en 1630, mort à Paris en 1678.

317 — *Anne d'Autriche, Reine de France* (R. D. 23).

Portrait en buste, fort comme nature. La Reine porte un collier de perles et un manteau royal. Sur la bordure, on lit : Anne Infante d'Espagne, reine de France et mère dv Roy, 1666. *R. Nanteuil ad viuum pingebat. Sculpebat cum privilegio Regis et excudebat*, 1666. Épreuve de premier état. Rare.

318 — *Pompone de Bellièvre, président au parlement de Paris* (R. D. 37).

Ce portrait est dans un ovale armorié au bas ; sur la bordure ovale, on lit : Pomponivs de Bellievre Senatus Galliarvm Princeps. Sur la console qui supporte l'ovale il y a, à gauche : *Carolus Le Brun pinxit*, et à droite : *Robertus Nanteuil sculpebat*. Épreuve de deuxième état. Ce portrait peut passer pour le chef-d'œuvre de Nanteuil, tant pour la tête que pour les vêtements. Dans le commerce, on le nomme le *Pompone*. Il a été gravé en 1657.

319 — *Portrait de Lamotte-Levayer* (R. D. 143).

François de La Mothe-le-Vayer, conseiller d'État, fut précepteur du duc d'Orléans, frère de Louis XIV. Sur un socle, en bas du portrait, qui est dans un ovale, on lit : Franciscus Mothævs Vayerivs Regi a consilus Fra-triqve eivs vnico a Studiis, 1661. *Nanteuil ad vivum delin. et sculpebat*. Très-rare et très-belle épreuve de premier état, avec des marges de 3 centimètres.

320 — *Jean Loret.* (R. D. 150.)

Portrait dans une bordure ovale sur laquelle on lit : Iean Loret, de Carentan en Basse-Normandie. Sur le socle qui supporte l'ovale, il y a : *Nanteuil ad viuum del. et sculpebat* 1658, et puis les vers suivants :

> C'est, icy, de Loret la belle, ou laide Jmage,
> En France, bien, ou mal, il eut quelque renom,
> Et Lecteur, et Lectrice, en voyant son ouurage,
> Jugeront s'il auoit vn peu d'Esprit, ou non.

Épreuve de second état, c'est-à-dire qu'après le nom Loret, dans le premier vers, il n'y a pas de virgule.

Jean Loret est l'auteur de *La Muse historique*, ou Recueil de lettres en vers sur les nouvelles du temps, écrites à Mlle de Longueville, depuis le 4 mai 1650 jusqu'au 28 mars 1665, formant cinq volumes petit in-folio. C'est une sorte de journal en prose rimée, qu'il est fort difficile d'avoir complet.

OSTADE (Adrien Van)

Peintre et graveur à l'eau-forte, né à Lubeck en 1610, mort à Amsterdam en 1785.

Son œuvre, en 203 pièces montées sur papier fort, comprenant les 50 numéros de Bartsch et la plupart des divers états connus, en belles épreuves; quelques-unes même très-belles ; ce que nous disons ici pour ne pas être obligé de le répéter à chaque article.

Dans cette description, nous suivrons les numéros de Bartsch, mais les caractères des différents états sont tirés de notre catalogue de l'œuvre d'Ostade, qui est maintenant sous presse.

PORTRAITS DU MAITRE.

321 — *Premier portrait.*

Il est dans un ovale, autour duquel on lit ADRIANI VAN OSTADE PICTORIS. En bas, dans la marge : *A. Van Ostade del Effigies. J. Gole exc. cum Privil. ord. Holland.* A. Ostade est vu de face, coiffé d'un chapeau à larges bords et portant un col garni de dentelles. Il est enveloppé dans un manteau et regardé vers la gauche. Portrait en manière noire. Largeur 172 millimètres ; hauteur 225.

322 — *Deuxième portrait.*

Il est dans un ovale, tourné un peu à gauche et enveloppé dans un manteau, il a une perruque retombant en boucles sur ses épaules et une cravate de dentelle négligemment nouée. Au bas de la marge on lit : ADRIANUS VAN OSTADE, *Pictor Harl. Bat. Natus A° MDCX et Denatus A° MDCLXXXV. C. Dusart Pinxit J. Gole fec. et Exc, cum Privil. Amstelodami.* Portrait en manière noire. Largeur de l'ovale 145 millimètres; hauteur 170.

323 — *Troisième portrait.*

Il est assis, tourné vers le spectateur et regarde vers la droite; il est enveloppé dans un manteau portant un ruban dont les cordons sont dans sa main gauche ; la main droite, tenant un gant, est appuyée sur une table où il y a un buste. Sur un papier, qui est au bas de ce buste, on lit, en lettres écrites à rebours : *Ostade fe.* Son chapeau est fortement incliné sur l'oreille gauche. Au bas, dans la marge, écrit à la pointe, on lit : *A. V. Ostade Pictor*, et à gauche, *A. V. Ostade pinxit*, et à droite, *C. B. Coclers ft*

324 — *Portrait de la mère d'Ostade.*

Coiffé d'un bonnet, le col de la chemise légèrement entr'ouvert et portant un vêtement noir. La tête est un peu inclinée sur l'épaule droite ; elle est vue de face et regarde vers la droite en riant. Dans la marge, en bas, on lit : OSTADES MOTHER, à gauche, *Ostade pinxit*, et à droite, *P. O... fecit.* Portrait en manière noire, par P. Oust. Largeur 107 millimètres; hauteur 135.

325 — *Titre de l'œuvre gravé d'Adrien Van Ostade.*

Première épreuve. — 't Werck compleet,
Van den Vermaarde Schilder,
ADRIAN (VAN OSTADE),
Alles door hem selfs geinventeert en géest.
Œuvres complètes,

D'Adrian *de* Ostade,

Peintre célèbre,

Inventées et gravées par lui-même.

Largeur, 180 millimètres ; hauteur, 250.

Deuxième épreuve. — On a corrigé la faute que l'on remarque dans le 1er état. Ainsi, dans l'inscription hollandaise, il y a complet au lieu de compleet.

A la quatrième ligne, le nom *alles* a été supprimé.

Dans l'inscription française, il y a : Œuvre complet, au lieu d'Œuvres complètes ; et à la quatrième ligne : Inventé et gravé, au lieu de Inventées et gravées.

326 — *Paysan avec une petite toque noire* (B. 1).

Un paysan, tourné vers la droite et riant, a la tête couverte d'un bonnet sur lequel il y a une toque. Largeur, 28 millimètres ; hauteur, 32.

Première épreuve. — Avant le trait carré et avec les initiales A. O.

Deuxième épreuve. — Avec le trait carré et les initiales A. O., placées près du menton. Il n'y a pas de contre-tailles régulières et parallèles sur l'ombre du cou, par derrière, ni sur la toque. Cet état a beaucoup moins d'effet que le premier et le troisième.

Troisième épreuve. — Avec le trait carré et les initiales A. O. Mais il y a des contre-tailles régulières et obliques sur le cou, par derrière, et sur le bonnet, qui est plus travaillé, ainsi que le coin, en bas, à droite.

327 — *Paysanne qui rit* (B. 2).

Une paysane, tournée un peu à gauche, coiffée d'un bonnet, regarde le spectateur en riant. Pendant du n° 326. Largeur 28 millimètres ; hauteur 28.

Première épreuve. — Avant le trait carré et les initiales A. O. L'épaule droite de la femme est formée de griffonis, entrecroisés irrégulièrement.

Deuxième épreuve. — Avec le trait carré et les initiales A. O., dans le coin, à gauche, en haut. Les tailles de l'épaule droite ont été continuées jusqu'à la bordure.

Troisième épreuve. — De même état, mais moins belle.

328 — *Paysan avec un bonnet pointu* (B. 3).

C'est un vieillard coiffé d'un bonnet à bords relevés et regardant le spectateur. Il a autour du cou, une sorte de fraise. A gauche, au milieu, on lit : **A. V. O.** Largeur, 57 millimètres ; hauteur, 67.

Première épreuve. — **Avant le trait carré** qui forme la bordure. La planche manque absolument d'effet.

Deuxième épreuve. — Avec le trait carré fait au burin ; mais les ombres n'ont pas encore été renforcées. Sur l'épaule droite de l'homme, les tailles ont été continuées jusqu'à la bordure ; l'ombre de la fraise qui est sur l'épaule gauche n'a pas les tailles croisées très-serrées qu'elle aura dans l'état suivant. Il en est de même de toutes les ombres de la tête et du bonnet. La planche n'a guère plus d'effet que dans le 1er état.

Troisième épreuve.—Avec le trait carré et les initiales, mais le dessus de l'épaule droite de l'homme a été rendu presque noir par des grosses tailles serrées et irrégulières. Il en est de même du bonnet, sur lequel on remarque des traits fins et réguliers. Sur l'épaule gauche, l'ombre portée par la fraise est formée de tailles croisées très-serrées qui lui donnent une grande vigueur. Le bord de la joue droite est nettement accusé en blanc par l'ombre très-noire qui est à côté et qui lui donne du relief. Sur les sourcils et sur le nez, près du coin interne de l'œil droit, les ombres ont été renforcées par des traits réguliers. Il n'y a pas de tailles obliques sur la partie de la lèvre supérieure qui est sous le nez.

Quatrième épreuve. — Avec le trait carré ; les initiales sont à peine visibles. La partie de la lèvre supérieure qui est sous le nez est couverte de tailles obliques. L'ombre qui est sur l'épaule droite de l'homme n'est plus formée avec des traits irréguliers, mais par des contre-tailles régulières ; elle est plus large.

Cinquième épreuve. — La planche, usée par le tirage, a été retouchée. A droite, sur le bord du bonnet, à dix millimètres au-dessus de l'oreille, on voit quelques tailles légères et quelques autres encore au-dessus du rebord blanc, à cinq millimètres du côté droit. Tous les travaux légers ont à peu près disparu. La joue gauche surtout est presque blanche.

329 — *Paysan qui rit* (B. 4).

Il est tourné vers la droite et vu de trois quarts ; sa tête est couverte d'une espèce de bonnet à bord très-relevé en arrière et rabattu en avant, de sorte que cela imite une casquette de nos jours. Largeur, 56 millimètres ; hauteur, 68.

Première épreuve. — Le fond, à gauche est formé de tailles triples, et à gauche de tailles quadruples, ce qui le rend noir. On remarque sur la planche plusieurs crevasses d'eau-forte. Il y en a une sur la tête, entre l'oreille et le bonnet ; la lèvre inférieure, à partir du coin droit de la bouche, n'est indiquée que par quelques points.

Deuxième épreuve. — Le fond est le même que dans l'état précédent, mais les crevasses d'eau-forte sont moins apparentes ; celle qui était entre l'oreille et le bonnet a été couverte de tailles croisées. Au coin droit de la bouche, sur la lèvre inférieure, on remarque cinq ou six petits traits verticaux partant des points qui existaient seuls à l'état précédent. La chevelure, au dessus de l'oreille, est formée de tailles et de contre-tailles.

Troisième épreuve. — Le fond a été gratté, il est blanc ; on y remarque cependant quelques traits qui sont restés du fond primitif. Il n'y a pas d'initiales, Le trait carré fait à la pointe est léger, surtout au bas. Il n'y a pas encore de tailles serrées à la pointe sèche sur les ombres. La planche est sans effet.

Quatrième épreuve. — Il n'y a point encore d'initiales. Le fond est un peu mieux nettoyé que dans l'état précédent ; les ombres ont été renforcées par une multitude de tailles extrêmement fines, qu'il faut voir à la loupe ; on les distingue assez facilement sur la petite partie blanche qui est sur la joue droite, à côté du menton, et quand on les a vues à cet endroit là, il est facile de les suivre sur toute la joue.

Cinquième épreuve. — Le trait carré fait au burin a été renforcé ; à droite, près de l'épaule, il y a les initiales A. V. O., très-légèrement tracées. Le ton général est un peu gris.

Sixième épreuve. — On voit, à la loupe, sur l'ombre qui est depuis l'oreille jusqu'à la joue droite, des traits verticaux qui n'existaient pas dans l'état précédent ; les cheveux aussi ont été couverts de plus de tailles, ils sont très-noirs ; les initiales y sont encore.

330 — *Le Fumeur* (B. 5).

Un homme, coiffé d'un bonnet, ayant un tablier devant lui, est assis le coude gauche appuyé sur une table. Il tient de la main droite un petit vase contenant du feu, avec lequel il allume sa pipe. Sa jambe gauche est entre les deux pieds de la table, sur laquelle on voit une pipe et une boîte. La bordure est ovale.

Première épreuve. — Avec la bordure et les initiales. Le tonneau entre les jambes de l'homme est à peine visible. Les ombres sont très-fortes, principalement sous

le bras gauche et entre les pieds de la table. Rare et
belle épreuve.

Deuxième épreuve. — De même état, mais moins
belle.

Troisième épreuve. — De même état, mais moins
belle que la seconde. On voit que la planche s'use, les
ombres sont affaiblies.

Quatrième épreuve. — La planche a été retouchée. Les
ombres, sous la table et entre les jambes, ont été renforcées par un grand nombre de tailles très-fines à la
pointe sèche. On les voit distinctement à la loupe sur
le bord droit du petit vase que tient le fumeur, et de
là, on les suit facilement partout.

331 — *Le Fumeur riant* (B. 6).

Un homme assis, coiffé d'un bonnet serré autour de
la tête par un cordon, tient une pipe de la main gauche ;
le bras droit est appuyé sur le dos de la chaise. Sur la
table, il y a un pot à feu, une pipe, et du tabac sur un
papier ; sous la tablette, près de l'angle droit, on voit
un O. Dans la marge du bas à droite, on lit : A. V. Ostade, l'A et le V sont liés en monogramme.

Première épreuve. — Avec les traces du grattoir sur
l'épaule gauche du fumeur. Les taches s'étendent jusque sur la joue et au coin de la bouche.

Deuxième épreuve. — Les traces du grattoir ont disparu sur l'épaule ; on les voit encore sur la joue.

Troisième épreuve. — De même état que la seconde.
Ces trois épreuves sont belles toutes les trois.

332 — *Boulanger sonnant du cornet pour avertir ses pratiques*
(B. 7).

Bartsch intitule cette pièce : *Paysan sonnant du cor.*
Un boulanger, vu presque de face, le bras gauche
appuyé sur la fenêtre de sa boutique, sonne du cornet.

En haut, sur la traverse de la porte, on lit : A. V. Ostade.

Première épreuve. — La bordure est faite au burin ;
des travaux à la pointe sèche donnent au fond l'aspect
de la manière noire. L'œil droit dé l'homme est à peine
visible, le montant de la porte, qui est près de l'oreille,
se détache à peine du fond. Dans le coin, en haut, à
gauche, il n'y a pas de tailles obliques.

Épreuve rognée et renmargée ; on a refait le trait
carré.

Deuxième épreuve. — L'œil droit de l'homme est visible. On voit très-bien l'épaisseur du bois qui touche le
bord supérieur de l'estampe à 10 millimètres du coin gauche, ainsi que les contre-tailles obliques dans le même
coin dont le fond est clair ; les contre-tailles, qui sont
sur le bord de l'estampe depuis le coude de l'homme
jusqu'à la pièce de bois qui supporte l'auvent, sont très-
apparentes. Le montant de la porte, près de l'oreille
de l'homme, est visible.

Troisième épreuve. — L'œil droit de l'homme est visible ; dans le coin à gauche, en haut, des travaux très-
serrés à la pointe sèche, visibles à la loupe seulement,
donnent à cette partie de l'estampe l'apparence de manière noire ; il en est de même du fond qui est au-dessus
du bras droit de l'homme, surtout près de la tête ; les
contre-tailles, depuis le coude droit jusqu'au support en
bois, sont encore très-distinctes. Le montant de la
porte, près de l'oreille, est bien visible. Un grand
nombre de tailles très-fines, disposées en arc, se voient
à la loupe entre les extrémités des deux derniers doigts
de la main gauche. Belle épreuve.

Quatrième épreuve. — De même état que la précédente, mais un peu grise.

Cinquième épreuve. — La planche a été retouchée.
L'ombre qui est au creux de l'estomac de l'homme est

très-noire et comme tachée ; l'ombre qui est entre la chemise et la fermeture de la porte, près de la main gauche, est plus étendue, elle a huit millimètres ; elle n'en avait que quatre dans les états précédents. Entre cette ombre et la hanche, près de la porte, il y a des contre-tailles fortes, serrées et régulières. L'ombre qui est sur la chemise entre la hanche et la main gauche est formée de tailles nombreuses et serrées, mais assez fortes et faites au burin.

333 — *Le Vielleur* (B. 8).

Un homme, coiffé d'un chapeau de haute forme, orné d'une plume, joue de la vielle; sa tête, légèrement penchée sur l'épaule droite, est vue de face; son corps est un peu tourné vers la droite; il est vêtu d'un pourpoint et d'un manteau ; à sa gauche est suspendue une besace, et à sa droite, sa vielle, dont il tourne la manivelle de la main droite. Vers le milieu de la droite, on lit : **A. V. Ostade 1647**.

Première épreuve. — Le trait de bordure, fait à la pointe est fin, il n'a pas encore été renforcé. Immédiatement sous la main de l'homme qui tourne la manivelle, on aperçoit des tailles verticales très-espacées, et sous le bras, entre la main et le coude, sur l'ombre même, des tailles obliques aussi très-espacées et à peine visibles. Sous la ceinture de l'homme, au milieu du bord de la planche, en bas, à l'endroit où les deux extrémités du pourpoint se rapprochent, l'eau-forte a peu mordu, et cela fait une sorte de petite tache. Belle épreuve et très-rare.

Deuxième épreuve. — Avec le trait de bordure renforcé et fait au burin. Les tailles verticales espacées sous la main de l'homme, et les tailles obliques aussi espacées sous le bras, sont plus visibles que dans l'état précédent. La petite tache qui est en bas, au milieu,

entre les deux bouts de pourpoint et plus près de celui
de droite, est devenue plus apparente et paraît une
crevasse d'eau-forte.

Troisième épreuve. — La planche a été retouchée
dans plusieurs de ses parties; cela est visible sur la
partie de la vielle qui touche le pourpoint, les traits
serrés qui en cet endroit formaient l'ombre, ont été
recouverts de tailles verticales assez écartées l'une de
l'autre. Mais la partie la plus facile à reconnaître est
sur l'épaule droite, au collet du vêtement, en haut, à
gauche, près de la fraise et touchant presque la tête.
Dans les états précédents, l'habit n'est limité que par
un trait; dans celui-ci, ce sont deux traits bien fins, sur
2 millimètres de longueur; un peu plus bas, le contour
de l'épaule a été complété. La tache qui était en bas, au
milieu, a été couverte de tailles et ne se voit plus.

334 — *L'Homme appuyé sur le bas de sa porte* (B. 9).

A droite, un paysan appuyé sur le volet inférieur de
sa porte, regarde vers la gauche; au-dessus de la porte,
il y a un auvent recouvert d'une treille; à cet auvent
est suspendue une cruche. A gauche, on voit la porte
d'une cave, sur la traverse, en haut de cette porte, on lit :
A. V. Ostade.

Première épreuve. — A l'eau-forte pure. Tous les
traits sont distincts et très-bien marqués, quoique d'une
grande légèreté. La planche a peu d'effet. Très-belle
épreuve.

Deuxième épreuve. — La planche a été retouchée au
burin et amenée à un effet vigoureux. Autour de la
bouche il y a une sorte de tache ressemblant à une
barbe et paraissant venir d'une planche mal essuyée,
mais elle se reproduit dans les autres états. Sur une
pierre qui est près du bâton, à droite, une petite tache
semblable figure un A. Sur le châssis de la porte de la

cour, vis-à-vis la ferrure de cette porte, il y a quelques tailles serrées à la pointe sèche ; il y en a quelques autres sur la longueur de ce châssis, et ils descendent jusque dans la marge du bas, où on en voit trois ou quatre.

Trosième épreuve. — De même état que la seconde. Les tailles serrées à la pointe sèche se voient moins bien ; dans la marge on les voit encore un peu. Les barbes qui sont autour de la lettre A, sur la pierre, sont moins marquées.

Quatrième épreuve. — De même état que la deuxième. Les travaux à la pointe sèche ont entièrement disparu, ce n'est qu'en comparant cette épreuve avec la seconde, et en examinant à la loupe et avec la plus grande attention, la place où étaient les traits de pointe sèche que l'on parvient à reconnaître que ces traits ont disparu par le tirage. Dans quelques catalogues on a indiqué ces épreuves comme étant d'un état antérieur à celui de la deuxième épreuve. L'erreur a été d'autant plus facile que les épreuves de cet état sont un peu grises et se rapprochent fort du ton général du premier état. Ces trois épreuves sont belles.

Cinquième épreuve. — La planche a été retouchée. Les ombres sont très-empâtées ; sous l'auvant, à gauche, il y a une forte tâche due à un empâtement de la planche ; la tache qui était à la bouche et ressemblait à une barbe ne s'y voit plus. La lettre A, sur la pierre, n'est pas accompagnée de barbes. Les traits serrés à la pointe sèche ne s'apperçoivent plus du tout, la place est absolument blanche. Cependant, dans la marge, on aperçoit deux points marquant la place où étaient les petites tailles, qu'il faut avoir vu dans le deuxième état pour les reconnaître.

335 — *Le Fumeur à la fenêtre* (B. 10).

Un homme, enveloppé dans un ample manteau, regarde à la fenêtre ; il tient une pipe de la main droite et un pot de bière de la main gauche ; il est coiffé d'un chapeau orné d'une torsade et d'un nœud. Au bas, vers la gauche, sur l'appui de la fenêtre, il y a A. V. Ostade.

20

Première épreuve. — Sur le manteau, à 6 millimètres du pot, il y a quelques petites tailles croisées par d'autres plus légères encore ; le trait du bord, à gauche, est tracé. Il n'y a pas de contre-tailles presque verticales entre le chapeau et l'oreille.

Deuxième épreuve. — De même état que la précédente.

25

Troisième épreuve. — Les cheveux, au-dessus de l'oreille, sont couverts de tailles assez écartées et croisées régulièrement par des contre-tailles presque verticales. Ces tailles et contre-tailles sont plus colorées que les cheveux qui sont au-dessous. L'ombre, sous le chapeau, près du nez, est croisée de deux tailles régulières seulement.

Quatrième épreuve. — Le dessous du chapeau, près du nez, a une troisième taille régulière, coupant les deux autres de gauche à droite, en partant du bord du chapeau, et allant vers le nez.

336 — *La Tendresse champêtre* (B. 11).

Une paysanne, le bras gauche appuyé sur le bord d'une demi-porte, repousse en riant les caresses d'un paysan. En bas, à gauche, dans la marge, on lit : *A. V. Ostade.*

31

Première épreuve. — Le chapeau de l'homme se détache mal du fond, il n'est pas encore couvert de tailles régulières verticales ; les prunelles des yeux de l'homme sont noires ; entre sa figure et le bonnet de la femme, il n'y a pas de contre-tailles verticales, celles que l'on voit sont obliques. Les lettres du nom ont été gravées avec une pointe plus forte et superposées aux autres caractères dont on aperçoit encore la trace. Les doigts de la main droite de l'homme sont blanc; la joue droite est assez claire; les doigts de la femme sont couverts de tailles croisées très-légères, qui sont en diagonale sur le doigt; dans la longueur, elles vont du bord droit au bord gauche. L'ombre de l'épaule droite de l'homme est très-forte. Épreuve renmargée.

Deuxième épreuve. — Le chapeau de l'homme se détache mieux du fond; le rebord antérieur de ce chapeau a un léger coup de lumière. La calotte est couverte de tailles régulières verticales, ainsi que l'intervalle, fortement ombré, qui est entre la figure de l'homme et le bonnet de la femme. Les prunelles de l'homme ont un petit point blanc. Les lettres du nom sont beaucoup plus légères, celles de dessous se voient moins. Les doigts de la main droite de l'homme sont couverts de petits traits verticaux de pointe sèche. Les doigts de la femme sont couverts de légères tailles croisées, mais elles ne sont plus placées en diagonales, elles suivent la longueur du doigt. L'ombre de l'épaule droite de l'homme et le collet de l'habit sont bien éclaircis.

Troisième épreuve. — Le chapeau de l'homme se détache mieux encore. Le coup de lumière du rebord antérieur est mieux marqué. L'ombre sous le chapeau est très-forte. La joue gauche de l'homme a été rendue presque noire par une multitude de petits traits de pointe sèche; il en est de même du collet de son habit; cela donne à cette partie de l'estampe l'apparence de manière noire. Les tailles verticales qui couvraient les doigts de la femme se voient encore; celles des deux derniers doigts de la main ont été recouvertes de tailles obliques, allant de droite à gauche en descendant. Les lettres du nom ont été retouchées et sont aussi fortes que dans le troisième état.

Quatrième épreuve. L'estampe a été retouchée, toutes les parties fortement ombrées ont été éclaircies ; l'ombre au-dessus du coin de l'œil gauche de la femme est couverte de tailles croisées, ainsi que l'ombre du nez et une partie du sourcil droit. Les prunelles des yeux de l'homme sont noires. Le nom est très-fin, et on ne voit plus au-dessous les lettres primitivement tracées.

337 — *L'Homme et la Femme causant ensemble* (B. 12).

Une femme, vue par le dos et tenant un panier au bras droit, cause avec un homme placé devant elle ; il porte un manteau court. Au fond on voit des maisons et une auberge sur le mur de laquelle une vigne est appuyée. Au-dessus de la porte de l'auberge il y a une fenêtre garnie de vitraux en treillis et surmontée d'une arcade.

Première épreuve. — On ne voit que les contours de l'arcade qui est au-dessus de la fenêtre, en haut, à droite ; il y a très-peu de feuilles à la vigne qui tapisse l'angle du mur de l'auberge ; l'homme, vu par le dos, qui entre dans l'auberge, et derrière lequel il y a un enfant, est peu distinct, sa tête s'élève jusqu'à 3 millimètres de l'auvent ; au-dessus de sa tête l'ombre est très-noire ; sur son dos, près de la tête de l'enfant, on voit deux larges taches noires ; la fenêtre, au-dessus de l'auvent, n'a qu'une taille horizontale ; le trait carré, fait à la pointe, est très-fin ; partout les ombres sont fortes et imitent la manière noire Il y a une tache sur la vigne, vers le milieu du bord droit du chapeau de l'homme qui cause, et au-dessus, il y a cinq ou six fortes tailles verticales. En bas, à droite, dans la marge, il y a : A. V. O. Dans les épreuves de cet état, la planche est ordinairement couverte de barbes; les noirs sont empâtés.

Deuxième épreuve. — L'arcade qui est au-dessus de la fenêtre, en haut, à droite, est bien marquée. Les feuilles de la vigne qui tapisse l'angle du mur sont nombreuses; la fenêtre qui est à côté est couverte de contre-tailles obliques. L'homme qui entre dans l'auberge et l'enfant qui est derrière lui sont très-distincts, la tête de l'homme ne s'élève qu'à six millimètres de l'auvent; l'ombre qui est au dessus de sa tête laisse voir facilement les tailles qui la forment; les deux taches noires qui étaient sur son dos ont disparu, ainsi que les taches et les tailles verticales qui étaient sur la vigne près du bord du chapeau de l'homme qui cause; partout les ombres sont claires; on voit deux boutons à l'habit de l'homme, sous sa main droite. Le trait carré est encore très-fin. Une tache se voit à gauche sur le dos de la femme. Un homme portant un bâton sur son épaule, que l'on voit au loin entre le nez et l'épaule de la femme, est devenu très-distinct.

Troisième épreuve. — Une multitude de tailles très-fines, qu'il faut voir à la loupe, ont renforcé les ombres, notamment sur toute la partie gauche du dos de la femme; sous l'auvent et le long de la porte de l'auberge, sous le chapeau à gauche et sur l'ombre que le chapeau porte sur la figure et enfin autour du panier dans la partie qui touche la femme. Le trait carré est encore fin. La tache, sur le dos de la femme, est très-visible. Très-belle épreuve

Quatrième épreuve. — De même état que la troisième. Les lettres A. V. O. sont un peu moins visibles. Belle épreuve.

Cinquième épreuve. — De même état que la troisième, mais l'épreuve est moins belle; aucun autre signe matériel ne la distingue des précédentes. Les lettres A. V. O.

sont à peine visibles. La tache sur le dos est presque effacée.

Sixième épreuve. — La planche a été retouchée. Le trait carré est tracé au burin et très-régulier. Devant la figure de la femme, l'ombre est formée par des tailles verticales régulières et bien distinctes et entre son nez et son épaule il y a des tailles obliques. La tache qui était sur le dos de la femme a entièrement disparu; l'ombre qui est sur la partie droite de la figure de l'homme est couverte de tailles verticales. Il y a d'autres petites différences, mais celles-là suffisent bien pour faire distinguer cet état des précédents.

338 — *Les Fumeurs* (B 13).

Trois paysans sont assis devant une table grossière sur laquelle il y a un pot. L'un d'eux est assis sur un tonneau et tient une pipe à la main gauche; un autre, penché sur la table, emplit sa pipe, et le troisième, debout derrière les deux autres, leur montre, en riant, un verre qu'il tient à la main droite. Au-dessus de la tête de ce dernier, sur la traverse d'une cheminée, il y a : A. V. Ostade.

Première épreuve. — Avant le trait carré, mais avec le contour du plat achevé. Très-rare. L'épreuve est un peu rognée, mais il est facile de s'assurer qu'elle est avant la bordure par les petites tailles inclinées qui sont au bas, à droite, derrière la chaise. Dans les épreuves avec la bordure, ces petites tailles touchent le trait carré; ici il y a du papier blanc au delà.

Deuxième épreuve. — Avec le trait carré, mais avant que les tailles qui sont dans l'angle du haut, à gauche, n'atteignent le trait carré du côté gauche.

Troisième épreuve. — Avec le trait carré et les tailles continuées jusqu'au trait carré, du côté gauche, dans l'angle du haut, mais avant de nombreuses contre-

tailles qui, dans l'état suivant, seront au-dessus de la
traverse de la cheminée, entre le plat et le trait carré.
Il n'y en a que quelques-unes.

Quatrième épreuve. — Il a de plus qu'à l'état précédent de nombreuses contre-tailles, en haut, à droite,
dans la partie qui est au-dessus de la traverse de la
cheminée, entre le plat et la bordure de droite, elles
s'étendent jusqu'au-dessus du plat.

339 — *La Mère et les deux enfants* (B. 14).

Une femme, sur le seuil de la porte d'une maison,
tenant dans ses bras un enfant, le fait jouer avec une
petite fille placée en dehors du volet inférieur de la
porte. Sur ce volet, en bas, à gauche, près du trait de
bordure, il y a les lettres A. V. O.

Première épreuve — A l'eau-forte pure. Les ombres
sont faibles, les tailles qui sont sur le bonnet de la
femme sont légères. La planche a peu d'effet. Belle et
rare.

Deuxième épreuve. — Les ombres sont très-mar-
quées, elles ont été renforcées par des tailles très-fines,
visibles à la loupe et produisant l'effet de la manière
noire.

Troisième épreuve. — De même état que la précédente, mais d'un tirage postérieur.

340 — *La Cruche vide* (B. 15).

Trois hommes sont autour d'une petite table ; deux
sont assis et le troisième debout ; celui de gauche regarde au fond d'une cruche qu'il tient des deux mains ;
celui de droite est coiffé d'un chapeau, il tient une pipe
à la main gauche et semble demander le résultat de
cette inspection ; le troisième, celui qui est debout, regarde le premier en riant. Dans le fond, on voit une
porte En bas, dans la marge, il y a : A. V. Ostade.

Première épreuve. — La bordure est gravée au burin ; le bonnet de l'homme debout est d'une couleur uniforme ; la porte du fond est garnie d'une traverse dans le haut, qui n'occupe pas toute la hauteur du cintre ; les ombres du cintre et du bord gauche de la porte ne laissent pas apercevoir l'épaisseur du mur ; il n'y a pas de tailles fines et serrées à la pointe sèche sur les ombres.

Deuxième épreuve. — Le bonnet de l'homme debout a, sur le milieu, un léger coup de lumière ; il est moins noir que dans l'état précédent ; sur les bords du chapeau de l'homme de droite, des deux côtés, de nombreuses tailles très-fines ont formé de l'ombre imitant la manière noire : il en est de même sur toutes les ombres de l'estampe, mais surtout en bas et à droite. Les ombres du cintre de la porte sont très-légères et l'épaisseur du mur est bien marquée par un trait continu ; la traverse du haut de la porte existe encore. Le ton de la gravure est sec. Les tailles verticales de la porte sont très-légères.

Troisième épreuve. — La planche a été retouchée. La traverse du haut de la porte a disparu, et la planche transversale occupe tout le cintre ; l'ombre du cintre, plus forte, ne laisse pas nettement apercevoir l'épaisseur du mur ; les tailles verticales de la porte sont très-fortes, ainsi que les tailles horizontales qui sont sous le cintre. Le nom du maître, en bas, est presque effacé.

341 — *La Poupée demandée* (B. 16).

Une femme, assise sous une treille, montre une poupée à un enfant assis sur ses genoux et qui tend la main vers la poupée. Un homme, debout derrière une balustrade, regarde cette scène en souriant. Au bas, à droite, sur les pieds d'un escabeau, il y a : A. V. O. 1679 (Bartsch dit 1678).

Première épreuve. Dans le coin, en haut, à gauche, il y a, auprès du trait carré, entre la traverse de la porte et le bord supérieur, un petit espace blanchâtre qui est croisé de tailles obliques dans une longueur de douze centimètres. On ne compte, dans cet espace, qu'une vingtaine de ces tailles obliques ; elles sont toutes également écartées et bien distinctes.

Deuxième épreuve. Dans le second état, on compte, à la même place et dans le même espace, un nombre de tailles à peu près double de celui qui est dans le premier état. Elles ne sont pas également espacées ; il y en a souvent deux très-près l'une de l'autre.

Troisième épreuve. De même état que la précédente, mais les ombres sont plus empâtées et feraient croire à une retouche.

342 — *L'École* (B. 17).

Un maître d'école, assis dans un fauteuil devant une table, montre à lire à un jeune garçon placé debout de l'autre côté de la table. Deux autres enfants regardent celui qui lit. Sur une planche qui est derrière le maître, en haut, il y a : A. V. O.

Première épreuve. La marge inférieure de la planche est couverte de salissures et de traits de pointes, surtout à droite, sous l'enfant qui lit, et dans l'angle gauche. Les ombres, sous la table et sur le dos du fauteuil, sont faites par des tailles rectangulaires recouvertes d'une taille oblique.

Deuxième épreuve. Les salissures de la marge inférieure et une partie des traits ont disparu ; on ne voit plus que quelques traits fins sous le chapeau de l'enfant qui lit. Les ombres, sous la table et sur le dos du fauteuil, sont couvertes d'une multitude de tailles très-fines et serrées, qui fait imiter la manière noire. Cela est facile à voir, avec une loupe, sur la joue de l'enfant qui lit.

Troisième épreuve. L'ombre portée qui, partant du haut de la troisième planche au fond, passe sur une planchette et vient s'arrêter sur les têtes des deux plus petits enfants et sur le front du plus grand, est très-marquée, parce que les tailles ont été renforcées au burin ; dans les états précédents, cette ombre se distinguait à peine des tailles du fond. Toutes les autres ombres, au contraire, sont éclairées ; la planche est sans effet.

343 — *Le Coup de couteau* (B. 18).

A gauche, un homme furieux est debout, brandissant un couteau qu'il vient de sortir de sa gaîne, et dont il menace un autre homme qui tient aussi un couteau à la main droite. Entre eux, il y a un tonneau sur lequel on voit des cartes, ce qui montre que c'est une querelle de jeu. Un homme, assis, s'efforce de retenir le premier joueur, et, à droite, une femme, tenant un enfant, semble effrayée de cette scène. Dans la marge au bas, à gauche, il y a : A. V. Ostade, 1653. Largeur, 143 millimètres ; hauteur, 113.

Première épreuve. — Avant les tailles serrées qui produisent l'effet de la manière noire, sur le tonneau, sur la jambe gauche de l'homme qui est à droite et sur l'épaule de celui qui est assis. Le tonneau se détache mal des objets qui l'entourent ; le fond du tonneau, dans la partie où il n'y a pas de cartes, est couvert de tailles serrées qui les font paraître irrégulières et rendent le fond noir.

Deuxième épreuve. — Avec les tailles serrées à la pointe sèche, très-visibles sur l'épaule de l'homme assis, mais qui existent encore ailleurs dans les ombres. Le tonneau se détache bien du fond ; la partie du tonneau où il n'y a pas de cartes est éclairée assez vivement. Les tailles croisées qui la couvrent sont très-régulières.

Sur le flanc droit de l'homme assis, près de la main gauche de la femme, il y a des tailles obliques assez grosses et très-régulières.

344 — *Les Harangueurs* (B. 19).

Scène de nuit. Plusieurs hommes sont à une fenêtre ouverte ; l'un d'eux tient un papier qu'il semble lire à des personnes placées extérieurement. Un autre est près du lecteur et l'éclaire au moyen d'une chandelle qu'il tient à la main en regardant les spectateurs ; au-dessus de la tête du lecteur, on voit encore un troisième homme, et, à gauche, deux autres têtes, qui toutes regardent les spectateurs. En bas, à droite, dans la marge, il y a : A. V. Ostade *fecit et excud*.

Première épreuve. — Avant les travaux à la pointe sèche qui produisent l'effet de la manière noire, notamment à droite, sur la cruche et sur l'ombre comprise entre la cruche et les feuilles de vigne. Sur la marge inférieure, à gauche, on voit beaucoup d'essais de pointe.

Deuxième épreuve. — De même état que la précédente, mais renmargée et refaite sur les bords de droite et de gauche à un ou deux millimètres du trait.

Troisième épreuve. — Avec les travaux à la pointe sèche produisant l'effet de la manière noire et destinés à renforcer les ombres. Ces travaux se voient particulièrement sur la partie droite du ventre de la cruche et sur l'ombre qui est à la suite jusqu'aux feuilles de vigne, de telle sorte que, de ce côté, la cruche ne se détache plus de l'ombre. Le bonnet de l'homme placé à droite, au-dessus de la tête du lecteur, n'est couvert que de deux tailles régulières en losange, assez fortes et paraissant plus que les autres ; ces deux tailles sont faites dans la longueur du bonnet.

Quatrième épreuve. — Le bonnet de l'homme dont je viens de parler est couvert d'une troisième taille régulière assez forte, et suivant en travers la courbure de la tête.

345 — *Gueux au dos courbé* (B. 20).

Un homme au dos courbé et s'appuyant sur un bâton se dirige vers la gauche. Au bas, à droite, dans l'estampe, il y a : A. V. O. Pièce cintrée. Il y a une tache d'eau-forte dans le coin au bas, à droite.

Première épreuve. — On voit, derrière l'homme, dans toute la hauteur de la planche, un grand nombre d'essais de pointe ; il y en a aussi en bas sur le sol ; elles sont très-régulières et tiennent toute la largeur de la planche. Il y a une tache d'eau-forte en bas, à droite, au coin.

Deuxième épreuve. — La planche a été nettoyée ; les traits dont je viens de parler ont disparu.

Troisième épreuve. — De même état que la précédente.

Quatrième épreuve. — Encore de même état que la deuxième. Elle est légèrement raccommodée dans le bas ; la tache d'eau-forte a presque disparu.

346 — *Gueux debout , les mains derrière le dos* (B. 21).

Un homme, mal vêtu et portant un tablier, a les mains derrière le dos et s'avance vers la droite. En bas, à gauche, il y a les lettres A. V. O.

Première épreuve. — Avant le trait carré. Un trait jaunâtre qui entoure l'épreuve semble faire douter de la vérité de cet état.

Cette épreuve vient de la collection de M. Robert Dumesnil.

Deuxième épreuve. — Avec la bordure, mais avant les travaux à la pointe sèche sur l'épaule et le bras droit qui seront décrits dans l'état suivant.

Troisième épreuve. — Avec des travaux à la pointe sèche, très-fins et très-serrés, qui sont à la courbure de l'épaule et sur le haut du bras droit, presque sur le bord de la gravure. Il faut une assez forte loupe pour les voir.

Quatrième épreuve. — Avec tous les travaux repris au burin. L'estampe est lourde et boueuse.

347 — *Gueux enveloppé d'un manteau* (B. 22),

Un homme debout, coiffé d'un chapeau à larges bords, est enveloppé d'un manteau ; il semble se gratter de la main droite. Au bas, à gauche, il y a : A. V. O.

Première épreuve. — Avant le trait carré.

Deuxième épreuve. — Avec la bordure, mais avant le travail à la pointe sèche sur l'épaule droite, depuis la figure jusqu'à une sorte de pli qui est sur la manche, entre l'épaule et le coude, et aussi sur les ombres portées par les pieds.

Troisième épreuve. — Avec les travaux à la pointe sèche sur l'épaule droite, et avec les mêmes travaux sur les ombres portées par les pieds, et en d'autres endroits.

Quatrième épreuve. — La planche est lourde et semble avoir été retouchée, mais cela peut aussi bien venir d'une planche usée.

348 — *La Grange.* (B 27).

Dans une grange, dont le toit couvert en chaume est percé en plusieurs endroits, on voit, au fond, à droite, une femme baissée près d'une échelle et ramassant du foin. Au milieu, il y a deux poules. A gauche, en bas, il y a : A. V. Ostade, 1647.

Première épreuve. — Le trait carré est fin ; à droite en bas, au coin, entre la roue et la bordure, il y a une place où l'eau-forte n'a pas mordu, ce qui forme une sorte de tache. Il y a une autre tache sur le dos de la femme courbée.

Épreuve renmargée sur le bord gauche.

Deuxième épreuve. — La bordure est fine ; la tache qui était derrière la roue, en bas, à droite, a été raccordée par des tailles et des contre-tailles sous lesquelles on voit encore la tache, mais faiblement. La tache sur le dos de la femme courbée existe encore, mais l'ombre de la face inférieure de la poutre qui traverse le milieu de la grange n'est pas encore couverte de contre-tailles. Il n'y a pas de tailles horizontales dans l'angle du haut, à droite. Cet état est d'un ton très-vigoureux.

L'épreuve est renmargée ; elle vient du cabinet du comte de Fries.

Troisième épreuve. — Le trait carré a été renforcé au burin ; il y a des contre-tailles sur l'ombre de la face inférieure de la poutre qui traverse la grange qui est formée de traits croisés ; la tache qui était sur le dos de la femme a disparu, ou au moins elle n'est plus noire, mais à peine jaunâtre. Il y a des tailles horizontales dans l'angle du haut, à droite, mais il n'y a pas encore, sur l'ombre qui est derrière la roue, en bas, à droite, les tailles très-fines et très-serrées qui renforcent l'ombre.

Quatrième épreuve. — Les tailles horizontales qui étaient en haut dans l'angle droit ne sont plus aussi apparentes ; elles ont été cachées sous un grand nombre de traits croisés en tous sens. La tache jaunâtre se voit encore sur le dos de la femme ; l'ombre qui est derrière la roue, dans le bas, à droite, est recouverte d'une multitude de tailles à la pointe sèche très-fines et très-serrées.

Cinquième épreuve. — On ne voit plus la tache qui était sur le dos de la femme, mais la place où elle était est restée blanche.

Sixième épreuve. — Cette place blanche a été raccordée par des traits légers de pointe sèche.

349 — *Homme et femme marchant ensemble* (B. 24).

Une vieille femme s'avance vers la droite en s'appuyant sur l'épaule d'un homme qui marche à côté d'elle, et se penche pour l'écouter. En haut, à gauche, il y a : A. V. Ostade.

Première épreuve. — Avant le trait carré. On distingue, au-dessus de la tête de la femme, un trait échappé qui monte droit vers le haut de l'estampe. Très-belle épreuve.

Deuxième épreuve. — Une place presque blanche, qui se trouvait sous le bras droit de la femme, a été remplacée par des tailles obliques. Le contour de la main droite et du tablier de l'homme sont bien marqués.

Troisième épreuve. — Les travaux ont été repris au burin; cela se voit surtout dans les ombres, sur le manteau de l'homme et sous le bras droit de la femme.

350 — *Le Fumeur et le buveur* (B. 24).

Scène d'intérieur. Un homme, allumant sa pipe, est assis sur un tonneau ; un autre homme, debout près de lui, tient un verre à la main gauche. En haut, vers la droite, il y a, sur une tablette : A. V. Ostade.

Première épreuve. — La bordure est très-faible. Le ton est gris et monotone, comme serait une épreuve venant d'une planche mal essuyée. Épreuve renmargée.

Deuxième épreuve. — La bordure est encore faible, mais il y a des tailles très-fines de pointe sèche sur l'ombre du tonneau sur lequel l'homme est assis.

Troisième épreuve. — Du même état que la deuxième, mais plus pâle; l'estampe a un ton blanchâtre, sans effet.

Quatrième épreuve. — Le trait carré a été repris au burin; il est très-régulier. Le mur, derrière le buveur, surtout au-dessus de sa tête, est d'une vigueur qui contraste avec les autres parties. La figure et toute la personne du fumeur sont très-pâles. Le mur où est la fenêtre et les poutrelles qui sont au-dessus sont presque blancs.

Cinquième épreuve. — Le mur du fond a été adouci, les poutrelles au-dessus de la fenêtre ont été retouchées et amenées à la même teinte que le mur qui est derrière le buveur. Le mur où est la fenêtre a été mis en harmonie avec le reste, et, quoique moins noir que le mur du fond, il n'est plus blanchâtre. Le fumeur a été retouché et mis à l'unisson du reste de la planche.

351 — *La Devideuse à la porte de sa maison* (B. 25).

Une femme assise sur le seuil de sa porte devide sa quenouille sur un aspre; devant elle, un homme, debout, tenant un bâton à la main, lui parle. Une très-belle vigne orne le devant de la maison. Dans le bas, à droite, il y a : A. V. O. Pièce cintrée.

Première épreuve. — Avant les travaux très-serrés à la pointe sèche qui renforcent l'ombre de l'entrée de la maison, au-dessus de la tête de la femme. Le seau qui est derrière l'homme est presque blanc, les cercles de fer ne l'entourent pas entièrement et les douves sont mal accusées.

Deuxième épreuve. — Il y a de nombreuses tailles très-fines entre les tailles qui forment l'ombre de l'entrée de la maison. Le seau qui est derrière l'homme a trois cercles complets et les douves sont bien marquées. Au-dessus du genou gauche de la femme, il y a, sous le banc, une petite place qui n'est couverte que de tailles très-fines et semble blanche.

Troisième épreuve. — La place blanche dont je viens
de parler a été couverte de tailles comme les autres
parties du banc.

352 — *Les Pêcheurs* (B. 26).

Paysage représentant un canal sur lequel est jeté un
pont de bois ; un homme placé sur ce pont pêche à la
ligne ; près de lui il y a un jeune garçon portant un
panier. A gauche, il y a un grand arbre, et, dans le fond,
à droite, une maison et quelques personnes. En bas, à
droite, sur l'eau, il y a : A. V. O.

Première épreuve. — La bordure est fine ; les travaux du ciel sont très-visibles ; les tailles horizontales
au-dessus de la maison sont très-fines. L'arbre, à
gauche, est très-vigoureusement coloré.

Deuxième épreuve. — De même état que la première,
mais la planche est dépouillée ; les tailles horizontales,
au-dessus de la maison, se voient à peine ; certaines
personnes ont fait un état de la planche ainsi amoin-
drie.

Troisième épreuve. — La bordure est rentrée au
burin forte et régulière ; le ciel a été retravaillé. Les
tailles horizontales au-dessus de la maison ont reparu.
La planche a repris sa vigueur, mais elle est lourde.

353 — *Le Savetier* (B. 27).

Un savetier travaille dans son échoppe, sur le toit de
laquelle dort un chien ; devant lui, un homme assis sur
un billot soutenu par trois pieds, et tenant une pipe à
la main, semble lui parler. A droite, il y a une pompe,
et au-dessus une belle vigne qui s'étend jusque près du
coin, à gauche. En bas, sous le billot, on lit A. V. Ostade, 1678.

Première épreuve. — Le trait carré est très-fin. Les
pampres de la vigne ne sont pas continués jusqu'au

trait carré de droite. La fenêtre qui est en haut, à gauche, près du trait carré, n'a qu'une taille oblique allant de gauche à droite. Il n'y a pas de contre-tailles obliques sur le mur de la maison que l'on voit en arrière-plan dans le haut, à droite, ni de tailles croisées sur le toit de la même maison. Il n'y a pas une troisième taille près de l'auge de la pompe, sur le sol qui se projette le long du dos de l'homme assis.

Deuxième épreuve. — Le trait carré est très-fort et rentré au burin ; sur la fenêtre qui est en haut, à droite, il y a une seconde taille oblique de droite à gauche. Il y a des contre-tailles sur les murs et sur le toit de la maison que l'on voit en arrière-plan à droite, en haut. Il y a quelques tailles légèrement obliques sur le sol qui est près de l'auge, le long du dos de l'homme assis. La vigne ne va pas jusqu'au trait carré de droite.

Troisième épreuve. — La vigne est prolongée jusqu'au trait carré de droite ; en bas, à gauche, près le trait carré, il y a encore les taches noires : deux sont tout à fait au coin. On a multiplié les tailles obliques sur le toit de la maison qui se voit en haut, à droite ; il y en a maintenant une vingtaine ; il en est de même pour la cheminée et la vigne au-dessous, ce qui a rendu les ombres plus fortes. La figure de l'homme qui fume n'est pas couverte de tailles serrées et paraît grise.

Quatrième épreuve. — La planche est retravaillée dans toutes ses parties. La fenêtre qui est en haut, à droite, est extrêmement noire. La figure de l'homme qui fume est couverte de tailles croisées très-serrées et paraît noire ; les taches dans le coin, à gauche, ont disparu. Le toit et le mur de la petite maison, en haut, à droite, ne sont plus noirs, mais à peine gris ; les tailles du toit sont très-distinctes et laissent voir du blanc dans les intervalles. La vigne a été éclaircie et se détache bien.

354 — *Trois figures grotesques* (B. 28).

Une vieille femme portant un panier à son bras, et couverte d'une mantille, parle à deux hommes : celui de gauche porte un manteau court et un tablier ; il est coiffé d'un chapeau à larges bords ; l'autre a un manteau court et une fraise ; il est coiffé d'un chapeau à haute forme, orné d'une plume. Dans le fond, à gauche, il y a une maison vers laquelle un homme s'avance. Au bas, à gauche, sur l'ombre, il y a : A. V. O.

Première épreuve. — Avec la bordure faite au burin, mais avant des travaux très-serrés à la pointe sèche, sur la fraise, sur les ombres de l'estomac et du manteau, et le pantalon de l'homme qui est au milieu, sur le manteau de l'homme de gauche, sur la figure et sur toutes les ombres qui sont sur la vieille. La maison du fond, à gauche, est très-visible, ainsi qu'une sorte de porte, à droite, faite de tailles très légères.

Deuxième épreuve. — Avec les travaux à la pointe sèche qui sont sur la fraise, sur les ombres de l'estomac et du manteau de l'homme du milieu, sur les ombres de gauche et sur les ombres de la vieille femme. La maison du fond, à gauche, est à peine visible, et les tailles légères qui étaient à droite ont à peu près disparu. Il y a des tailles croisées sur l'ombre qui est entre la main de l'homme placé au milieu, son pourpoint et son manteau.

Troisième épreuve. — La planche a été retouchée ; la maison est très-visible ; mais, dans le fond, à droite, on voit une montagne. Il n'y a pas de tailles croisées sur le manteau de l'homme qui est à droite.

Quatrième épreuve. — La planche a encore été retouchée ; l'ombre du manteau de l'homme de droite est couverte de tailles croisées en losange. La montagne du fond, à droite, n'est plus indiquée que par quelques traits légers ; les épreuves sont dures et sèches.

355 — *Le Marchand de lunettes* (B. 29).

A gauche, une femme, appuyée sur le volet inférieur de sa porte, parle à un marchand ambulant qui lui présente des lunettes ; derrière la femme, on voit la la tête d'un homme, et près du marchand, à gauche, un jeune garçon, appuyé sur un panier. A droite, au bas, il y a : A. V. Ostade.

Première épreuve. — A l'eau-forte pure, la bordure est faible et faite de deux traits. Le ton de l'épreuve est gris et de peu d'effet. Le panier sur lequel s'appuie l'enfant a un vif coup de lumière.

Deuxième épreuve. — La bordure est faite au burin ; le panier sur lequel l'enfant s'appuie est uniformément noir ; il y a de fortes tailles obliques sur le volet inférieur de la porte, sur le fond qui est au-dessus de la tête de la femme et sur le haut de la cuisse droite du marchand. Mais il n'y a pas de traits serrés à la pointe sèche dans les ombres.

Troisième épreuve. — Les ombres sur les trois principaux personnages sont couvertes de tailles fines et serrées à la pointe sèche. Il n'y a pas de contre-tailles horizontales sur la petite ouverture qui est derrière le marchand, près de la pointe du bas de son manteau.

Quatrième épreuve. — Avec des tailles horizontales, sur la petite ouverture qui est derrière le marchand, près de la pointe du bas de son manteau, la planche n'a plus d'harmonie. Ainsi, quelques-unes des tailles qui sont sous l'auvent sont très-noires, et les autres sont à peine grises ; il en est de même des autres parties de l'estampe, ce qui rend le ton général gris et sans effet.

Cinquième épreuve. — La planche a été retouchée au burin ; les ombres sont fortes et dures, surtout celles qui sont sur le marchand et qui ressemblent à de la manière noire.

356 — *La Chanteuse* (B. 30).

Une femme assise devant une table grossière tient un livre de musique ouvert devant elle, et chante ; à sa gauche, un homme, debout, l'accompagne sur le violon ; de l'autre côté de la table, un homme, assis et tenant un vidrecome de la main gauche, bat la mesure de la main droite, et semble chanter aussi. Au bas, à droite, il y a les lettres A. V. O.

Première épreuve. — Avec le fond blanc, avant les trois planches sur le sol, et avant le nom. Il n'y a point de tailles sur l'épaule droite du joueur de violon ni sur la plus grande partie de son chapeau ; le côté droit de la robe de la femme et les vêtements de l'homme qui tient un verre sont presque blancs. Il n'y a point de tailles sur son bonnet ni sur le ventre et le col de la cruche. Extrêmement rare. Belle épreuve.

Deuxième épreuve. — Le bout de la table qui est vers le spectateur est ombré dans son épaisseur par des tailles verticales très-légères et assez écartées. L'épaule droite du joueur de violon est couverte de tailles très-légères, obliques vers la figure. Entre le menton et l'épaule de l'homme assis, on distingue très-nettement le bord de la porte. Il n'y a point encore de travaux à la pointe sèche sur les ombres.

Troisième épreuve. — Avec des travaux très-serrés de pointe sèche sur les ombres ; ces travaux sont surtout visibles sur les jambes de l'homme assis : cela donne à l'estampe un ton harmonieux de manière noire. Les tailles qui sont derrière la chaise de l'homme assis ne sont pas toutes horizontales et ne vont pas jusqu'au trait carré. A gauche, au-dessus de la chaise de la femme, les tailles ne vont pas non plus jusqu'à la bordure.

Quatrième épreuve. — La planche a été retouchée.

Les tailles qui sont derrière la chaise de l'homme assis sont toutes horizontales et vont jusqu'au trait carré ; il en est de même, de ce côté, dans toute la hauteur de la planche ; à gauche, au-dessus de la chaise de la femme, les tailles obliques atteignent aussi le trait carré.

357 — *La Fileuse* (B. 31).

A droite de l'estampe, une rampe conduit à une maison dont la façade est couverte de vigne Sur le seuil de la porte, une femme assise file ; devant elle, un enfant est à demi couché sur le sol, et à sa droite, un homme, debout et appuyé sur un bâton, semble lui parler. A gauche, on voit une étable à porcs ; il y en a deux couchés près de l'auge. En bas, du même côté, on lit : A. V. Ostade. 1652.

Première épreuve. — La bordure est fine. Le plus gros des deux cochons couchés à gauche n'a pas encore sur le ventre, près de la terre, une dixaine de tailles diagonales, qu'on y verra plus tard, depuis la patte de derrière jusqu'à celle de devant. Au milieu, sur le bord de l'estampe, on ne voit pas encore l'épaisseur de la pierre blanche qui est devant la porte de la cave ; elle n'est pas encore distincte de l'ombre, et il n'y a pas de tailles obliques sur cette ombre. La solive que l'on voit au milieu, sur le devant, est appuyée sur une grosse poutre qu'on distingue à peine, mais qui sera très-visible dans les états suivants. Les épreuves de cet état sont un peu grises.

Deuxième épreuve. — La bordure est encore fine. On voit très-distinctement une grosse poutre sur laquelle la solive est appuyée ; la tête de cette poutre est couverte de tailles rectangulaires croisées, qui n'existaient pas dans l'état précédent. L'épaisseur de la pierre blanche placée devant la porte de la cave est très-distincte, et elle est couverte de tailles obliques, ainsi que l'ombre qui la touche. Là partie la plus noire de l'ombre de la porte de la maison est couverte de tailles obliques. Sur le ventre du cochon le plus gros on voit de petites tailles obliques dans toute la longueur comprise entre les pattes. De plus, il y a des tailles très-fines et très-serrées sur les ombres en différents endroits ; elles sont très-visibles sur la grande fenêtre de l'étable à porcs. Cet état est d'un ton très-vigoureux.

Troisième épreuve. — Le trait carré est plus fort et très-régulier. L'angle de l'estampe, au bas, à droite, qui dans les états précédents était coupé, est maintenant très-aigu ; les tailles rectangulaires de la plus grande fenêtre de l'étable à porcs sont très-dictinctes.

Quatrième épreuve. — La grande fenêtre de l'étable à porcs est couverte de tailles obliques de droite à gauche. Sous la tablette de la table, près de la fileuse et près du balai, l'ombre est couverte de tailles et contre-tailles rectangulaires dans toute sa largeur.

358 — *Le Peintre* (B. 32).

Un peintre, dans son atelier, est assis devant son chevalet ; à sa droite, il y a un banc sur lequel se trouve un livre ouvert, et, par terre, auprès du banc, un autre livre fermé. Dans le fond, à droite, on voit un escalier tournant, au pied duquel est une malle et sous lequel deux enfants broyent des couleurs. Dans la marge du bas, on lit :

Pictor Apelleâ pingas licet arte tabellam,
Quæ modo pictores, et modo fallit aves,
Livor edax sed enim, nisi te fortuna bearit,
Auferet ingenio præmia digna tuo.

A. V. Ostade, *fecit.*

L., 170 1/2 ; H., 212 1/2 au trait carré, et 235 avec la marge où sont les vers.

Première épreuve. — Avec le bonnet élevé, et le mot « *Auferet* » dans le quatrième vers, la planche a les dimensions indiquées.

Deuxième épreuve. — Le bonnet est diminué de hauteur ; on n'aperçoit plus les traces de la partie supprimée ; l'intérieur de la malle qui est au pied de l'escalier est ombré de contre-tailles. Dans la marge du bas, après le mot *fecit*, il y a : *et excud.*, écrits d'une pointe plus grosse.

Troisième épreuve. — La planche a été retravaillée. Vers le coin, au bas, à droite, entre le manteau et la marche circulaire, il y a de très-légères contre-tailles verticales ; sur le pied de la table où on broye les couleurs, entre la tablette et le pot qui est au bas de l'escalier, on remarque quatre petites tailles horizontales, qui ne s'étendent pas à la moitié de la largeur du pied. On n'aperçoit plus les tailles croisées qui couvraient le montant de l'escalier.

359 — *Le Père de famille* (33).

Dans le milieu de l'estampe, sur le devant, un homme assis près d'une cheminée tient sur ses genoux un jeune enfant qu'il fait manger ; sous la cheminée, derrière lui, une femme fait chauffer un lange ; une marmite est suspendue à la crémaillère, et, dans le fond, à gauche, un jeune garçon mange sa soupe.

Dans le bas de l'estampe, on lit : A. V. Ostade. 1648.

Première épreuve. — Avec le trait carré renforcé, mais on voit encore les tailles légères sur le ventre de la marmite, et, sur le mur qui est en haut de l'estampe, au milieu, entre le panier et la brosse.

Deuxième épreuve. — Les tailles légères dont nous venons de parler ne s'aperçoivent plus.

Troisième épreuve. — La planche est boueuse et dure.

360 — *Le Bénédicité* (B. 34).

Une famille de paysans s'apprête à manger la soupe ; le plat est posé sur un tabouret autour duquel le père et la mère sont assis, et un jeune garçon est debout. Le père a les mains jointes et prie ; la mère, tenant un jeune enfant sur ses genoux, a aussi les mains jointes, et le jeune garçon, tenant son bonnet devant la poitrine, a l'air fort recueilli. En haut, à droite, sur le manteau de la cheminée, il y a : A. V. Ostade. 1653.

Première épreuve. — Le paysan a la tête nue. Autour de sa tête on voit une forte salissure ; le mur, entre l'échelle et sa tête, est couvert de tailles.

Deuxième épreuve. — La tête du paysan est couverte d'une calotte ; entre l'échelle et sa tête, le mur est blanc, mais on aperçoit, sur ce mur, autour de la tête du paysan, de fortes traces de grattoir.

Troisième épreuve. — Le mur qui est entre la cheminée et une petite échelle que l'on voit en haut de l'estampe, au milieu, est couvert de tailles serrées très-fines et tirées obliquement de gauche à droite ; on en voit aussi sous la cheminée près du trait carré.

Quatrième épreuve. — Le mur qui est entre la tête de l'homme et l'échelle est ombré de tailles et contre-tailles. Le mur en haut, au milieu, entre la petite échelle et la cheminée, est fortement ombré de contre-tailles obliques régulières. Le dessous du manteau de la cheminée est très-noir.

361 — *L'Épouilleuse* (B. 35).

Une femme assise à la gauche de l'estampe tue la vermine d'un homme assis à ses pieds. Près d'eux, un homme, debout, regarde dans une cruche, et à droite un enfant mange la soupe.

Pièce très-rare, mais que, généralement, l'on ne

compte pas parmi les pièces originales du maître. Belle épreuve avec de grandes marges.

Une deuxième épreuve, mais renmargée, raccommo- *Clement* dée au coin du bas, à gauche, et couverte en cet en- droit d'un timbre à l'encre grasse avec ces mots : Cabi- net de M. A. Héris. Gand. (?)

362 — *Le Rémouleur* (B. 36).

Un rémouleur devant sa brouette repasse un cou- teau; près de lui, un savetier, dans son échoppe, lui présente un outil. Dans le fond, à gauche, on voit un homme et une femme causant ensemble dans une mai- son dont le volet inférieur est fermé. A droite, au loin, on voit la rue d'un village. Au bas, à droite, il y a A. V. Ostade.

Première épreuve. — La bordure est fine. Il n'y a *Roth* point de travaux de pointe sèche dans l'ombre qui est sous le bras gauche du rémouleur. En haut, près du coin de droite, on voit sur le ciel trois tailles assez fortes.

Deuxième épreuve. — Les trois tailles dont on vient de parler se voient beaucoup moins.

Troisième épreuve. — La bordure est encore fine, mais il y a des travaux serrés de pointe sèche dans l'ombre qui est sous le bras gauche du rémouleur; trois de ces tailles font saillie sur la partie moins ombrée qui est entre le rémouleur et la roue.

Quatrième épreuve. — La bordure a été renforcée au burin; elle est forte et régulière. Les tailles ont été retouchées dans diverses parties; ainsi le trait qui limite l'épaule gauche de l'homme qui cause au fond, à gau- che, est fortement tracé; dans l'état précédent, il n'était pas visible, et l'ombre de l'épaule se confondait avec l'ombre du fond.

363 — *L'Homme conversant avec la femme* (B. 37).

Sur le devant de l'estampe, une femme couverte
d'une mantille et portant un panier au bras gauche,
parle à un homme enveloppé dans un manteau court.
Le fond est une vue de village ; à gauche, on voit un
homme portant des ballots, et, à droite, un puits. Dans
le coin, à gauche, il y a les lettres A. V. O. en caractères
très-fins.

Première épreuve. — A l'eau-forte pure. Le trait
carré est à peine indiqué. Le contour du mollet de la
jambe droite de l'homme n'est pas indiqué, non plus
que le contour du chapeau, ni le haut du manteau depuis l'épaule droite jusqu'en bas. Le pied gauche est
nettement tracé, il a 11 millimètres 1/3. L'ombre qui est
au bout est claire. La planche est couverte de barbes.

Deuxième épreuve. — Le trait carré est toujours
très-fin, mais il est un peu plus fort et régulier dans
toutes ses parties, excepté au-dessus de la signature.
Le contour du mollet de la jambe droite, celui du bord
du chapeau et celui du manteau, depuis l'épaule droite
jusqu'en bas, sont indiqués par une taille très-fine. Sous
le bras gauche de l'homme, on aperçoit de nombreuses
tailles très-fines et très-serrées, ainsi que sur l'ombre du
manteau qui est un peu plus bas. Le pied gauche est
diminué, et, à son extrémité, l'ombre forme une tache
noire. La perche qui soutient la corde du puits n'est pas
adhérente à cette corde.

Troisième épreuve. — De même état que le précédent, mais plus faible. Ainsi les traits serrés sous le
bras gauche s'aperçoivent à peine.

Quatrième épreuve. — Le trait carré a été renforcé ;
il est très-régulier dans tout le contour. La perche est
adhérente à la corde du puits. Les tailles serrées sous le
bras gauche ont été retouchées.

364 — *Les Musiciens ambulants* (B. 38).

Un homme jouant de la flûte est accompagné d'un enfant battant du tambourin. Ils sont placés devant un homme assis, tenant un pot à la main, qui les écoute ; c'est ce que font aussi deux hommes que l'on voit dans une maison dont le volet inférieur de la porte est fermé ; derrière le musicien on voit accourir deux jeunes enfants. A gauche, dans le coin, on lit : A. V. Ostade.

Première épreuve. — A l'eau-forte pure ; la bordure est très-faible, et elle ne forme pas bien le coin en haut à droite.

Deuxième épreuve. — Le trait carré est assez fort et très-régulier ; le coin en haut, à droite, est exactement formé par la bordure, mais il reste un petit espace blanchâtre. Il n'y a point encore de tailles serrées sur le genou droit du musicien, à côté de l'épaule de l'enfant, ni sur l'ombre qui est entre le coude de l'homme assis et le tambour, ni sur l'ombre qui est entre la la cruche que l'homme tient à la main et la fenêtre. Dans le coin du haut, à droite, les tailles obliques ne vont pas jusqu'au trait carré.

Troisième épreuve. — Le trait carré est régulier et égal ; mais il y a des tailles fines et serrées sur le genou du musicien, sur l'ombre qui est entre le coude de l'homme assis et le tambour, sur le bras gauche du même homme, sur l'ombre qui est entre la cruche et la fenêtre, et sur l'ombre qui est sous le toit dans le coin droit, en haut.

Quatrième épreuve. — Le trait carré est régulier, mais le coin en haut, à droite, est couvert de contre-tailles obliques qui vont jusqu'au trait carré et qui sont très-nettement marquées.

365 — *Le Tric-Trac* (B. 39).

Dans l'intérieur d'une maison, deux hommes jouent au tric-trac ; celui qui est à gauche est assis sur un tonneau renversé, et près de lui il y a une cruche ; deux hommes, l'un debout et l'autre assis, placés derrière l'un d'eux, les regardent ; sur le devant, à droite, un homme assis sur un banc regarde par une fenêtre. En bas, sous le pied gauche de l'homme qui regarde par la fenêtre, on voit **A. V. Ostade**.

Première épreuve. — Avant que les ombres du fond, dans toute l'estampe, n'aient été couvertes de tailles très-serrées à la pointe sèche.

Deuxième épreuve. — Le fond est couvert de tailles serrées à la pointe sèche, ce qui a renforcé les ombres, surtout dans le haut. La partie du fond qui est au-dessus de l'homme assis qui fume sa pipe, est éclairée et blanchâtre ; le vase qui est sur une planche, vers le haut, au milieu de l'estampe, est uniformément noir ; la planche ronde par le haut qui est contre le mur au-dessus de l'épaule gauche de l'homme debout, est couverte de tailles et contre-tailles, mais peu apparentes ; elle est à peu près de même ton que le mur contre lequel elle est appuyée.

Troisième épreuve. — La partie du fond qui est au-dessus du fumeur assis est très-noire. La planche qui est contre le mur, au-dessus de l'épaule de l'homme debout, est blanchâtre, malgré les tailles et contre-tailles serrées qui la couvrent et qui sont plus apparentes que dans l'état précédent. Le vase qui est sur une planche, en haut de l'estampe, vers le milieu, a un coup de lumière.

Quatrième épreuve. — La planche a été retouchée ; tout le fond est uniformément noir, même le vase sur la planche qui est vers le haut, et la petite planchette arrondie qui se trouve au-dessous.

366 — *Les Deux Commères* (B. 40).

Au milieu de l'estampe, on voit deux femmes debout ; celle de gauche tient par-devant sa robe retroussée ; celle de droite a les mains croisées et semble parler à la première. Au-dessus d'elles on voit un arbre. Au fond, à gauche, il y a une marchande qui tient des balances, et devant elle divers acheteurs. Au bas, à gauche, il y a : A. V. Ostade.

14   Première épreuve. — La bordure est faite au burin. Sur le bras gauche de la femme qui est à droite, il y a un trait échappé qui limite les tailles de l'ombre ; ce trait, plié à angle droit, remonte vers le haut. Près du menton de la femme, qui est à gauche, on voit une tache qui semble provenir d'une crevasse d'eau-forte.

12   Deuxième épreuve. — La tache près du menton de la femme de gauche a été recouverte de quelques traits qui l'harmonisent avec les traits voisins.

    Troisième épreuve. — La tache a entièrement disparu ; on ne voit plus que les traits qui la couvraient dans l'état précédent.

367 — *Le Charcutier* (B. 41).

Scène de nuit. Un charcutier vient de tuer un cochon ; il fait couler le sang dans une poêle tenue par une femme. Deux hommes et plusieurs enfants regardent ce travail. Un enfant éclaire la scène au moyen d'une chandelle qu'il tient à la main. A gauche, en bas, dans l'ombre, il y a : A. V. Ostade. Pièce ronde.

101   Première épreuve. — A l'eau-forte pure. La bordure est légèrement indiquée ; la scène semble éclairée par un jour faible et non par une lumière artificielle ; le ton de l'estampe est argentin ; le ciel n'est couvert que de tailles peu serrées et paraît blanchâtre. Le mur latéral de la maison est aussi éclairé que la treille ; on voit distinctement la fenêtre de la maison ; l'un des vantaux est couvert de tailles croisées, c'est celui qui est près du coude gauche de l'homme qui est au fond, au milieu ; l'autre vantail n'a que des tailles verticales. Sur le pignon qui est sous l'arbre, on voit aussi une fenêtre. Le bonnet de l'homme debout, à gauche, est presque blanc sur le devant, il n'a que de légères tailles horizontales. Son dos n'est pas couvert de fortes tailles croisées régulièrement en losanges et très-espacées. Le seau qui est sous la pompe n'est ombré que de tailles verticales. Il y a encore d'autres remarques, mais celles-ci sont plus que suffisantes.

Deuxième épreuve. — La bordure a été tracée au burin ; toutes les ombres sont renforcées. Maintenant c'est bien une scène de nuit ; l'effet de lumière est très-beau. Le dos du paysan qui est debout, à gauche, est couvert de contre-tailles en losanges. Son bonnet est encore blanc dans plus de la moitié ; mais sur la partie blanche, il y a de légères tailles obliques. Son bras droit et sa jambe droite sont presque blancs. Le seau qui est sous la pompe a des contre-tailles horizontales ; les tailles sur le ciel sont nombreuses et serrées, ce qui le rend noirâtre. On ne voit plus la fenêtre de la maison, elle se perd dans l'ombre. Sur la partie gauche du poteau qui soutient la treille, on ne voit pas encore de tailles horizontales, mais des tailles obliques de droite à gauche et assez fortes. Il faut beaucoup d'attention pour distinguer la petite fenêtre qui est sur le pignon. Très-rare. Belle épreuve, mais rognée presque jusqu'au trait carré et renmargée.

Troisième épreuve. — L'effet de lumière est plus concentré ; le paysan debout, à gauche, n'a plus qu'une faible lumière sur le bonnet, qui ne paraît blanc que sur le bord. Les parties blanches du bras droit et de la jambe droite ont été diminuées par des tailles verticales.

très-serrées. Sur la partie antérieure du bonnet de l'enfant qui tient la chandelle, il y a des contre-tailles qui n'existaient pas dans l'état précédent. Des tailles tirées dans le sens de la longueur du dos de l'homme qui est à genoux sur le porc, ont étendu l'ombre jusque sur l'épaule ; la partie blanche du bras a été fortement diminuée par des contre-tailles obliques, et l'ombre renforcée par des tailles qui suivent la longueur du bras. On voit des contre-tailles obliques sur les planches qui sont derrière les deux enfants debout près de la pompe. Sur la partie gauche du poteau qui soutient la treille, on voit encore des tailles obliques très-fortes, mais elles sont recouvertes de quelques tailles horizontales. Le mur qui est entre ce poteau et la bordure, est recouvert de tailles obliques très-apparentes. Le toit de la maison est couvert de tailles horizontales très-régulières ; la partie du toit qui est sous l'arbre est couverte de tailles obliques. Sur le pignon il y a des contre-tailles obliques. L'estampe a beaucoup moins d'effet que dans l'état précédent.

Quatrième épreuve. — De même état que le précédent, mais d'un tirage postérieur.

Cinquième épreuve. — De même état que la troisième, mais d'un tirage postérieur à la quatrième. L'épreuve est boueuse et monotone.

Sixième épreuve. — La planche a été retouchée. Le poteau qui soutient la treille est couvert, dans toute sa largeur, de contre-tailles horizontales.

368 — *Le Paysan payant son écot* (B. 42).

Intérieur de cabaret. Dans une salle, on voit, près de la porte, un paysan portant un manteau court, comptant de l'argent à une femme un peu courbée. Dans le fond, on voit plusieurs paysans qui boivent. A droite, en bas, il y a : A. V. Ostade.

28

Première épreuve. — Le trait carré est fait au burin. Sur la hotte de la cheminée et sur le rebord au-dessous, qui sont blancs, il y a des tailles horizontales très-légères ; l'intérieur de la cheminée est clair au dessus du bras de l'homme qui est assis.

30

Deuxième épreuve. — On voit encore les tailles horizontales sur la partie blanche de la hotte de la cheminée, mais elles ont disparu sur le rebord qui est au-dessous. L'intérieur de la cheminée est couvert d'une troisième taille oblique qui en a rendu l'ombre plus forte et uniforme. Sous le manteau de la cheminée, près de l'épaule de l'homme qui est debout, on voit des tailles obliques très-régulières, mais il n'y a point encore sur les ombres les tailles fines et serrées à la pointe sèche, notamment sur les fortes ombres qui sont à gauche le long du trait carré.

Troisième épreuve. — Avec les tailles fines et serrées à la pointe sèche que l'on voit sur les ombres à gauche le long du trait carré, du haut en bas, et sur les tailles croisées qui sont sous la petite table, près de la femme, mais avant les tailles verticales sous cette même table.

Quatrième épreuve. — Avec les tailles verticales très-régulières qui sont sous la petite table près du jupon de la femme.

369 — *Le Charlatan* (B. 43).

A droite de l'estampe, un charlatan portant un manteau court, coiffé d'un bonnet et ayant une fraise, tient de la main gauche un objet qu'il montre aux spectateurs, et de la main droite un papier. Un tonneau, placé devant lui, supporte une tablette sur laquelle ses drogues sont étalées. Un homme et une femme, et plusieurs enfants forment son auditoire. Au bas, à droite, on lit : A. V. Ostade ; et à gauche, mais en caractères extrêmement légers : A. V. Ostade, 1648. Pièce cintrée.

Première épreuve. — A l'eau-forte pure. Avant la bordure, et avant le groupe d'enfants que l'on verra plus tard entre la bordure et la femme, au lieu de ces enfants, on voit, dans un lointain, légèrement tracé, un paysan accompagné d'un enfant. Extrêmement rare. Très-belle épreuve.

Deuxième épreuve. — Avec un groupe de quatre enfants placés entre la bordure gauche et la femme, mais avant des travaux à la pointe sèche sur les ombres dans différentes parties de la planche, notamment sur le dos de la femme, sur le ventre du charlatan, etc.

Troisième épreuve. — Avec des travaux de pointe sèche sur l'ombre que l'on voit sur le dos de la femme et au bas de sa robe, sur le ventre du charlatan, sur l'ombre qui est sous la tente, près de la main gauche du charlatan ; sur l'ombre qui est derrière le groupe des quatre enfants, etc., etc. On ne voit plus, à gauche, la signature du maître. On voit, dans les deux angles du bas, des travaux très-légers à la pointe sèche. Le papier que le charlatan tient à la main n'est couvert que d'une taille oblique, coupée par des lignes parallèles et régulières figurant l'écriture.

Quatrième épreuve. — L'ombre qui est sous la tente, près de la main gauche du charlatan, et qui n'avait qu'une seule taille oblique, est maintenant chargée de contre-tailles nombreuses. Le papier que le charlatan tient à la main est recouvert de traits irréguliers très-noirs, sous lesquels on voit encore les traits réguliers de l'état précédent. Les travaux légers qui étaient dans les angles du bas ont presque entièremeut disparu. La tige principale de l'arbre est encore couverte de tailles légères qui la font paraître blanchâtre.

Cinquième épreuve. — La planche a été retravaillée ; le papier que le charlatan tient à la main est couvert de tailles croisées ; la tige principale de l'arbre a été chargée de tailles horizontales qui la font paraitre presque noire ; les travaux légers qui avaient disparu dans l'état précédent se voient de nouveau, surtout du côté droit.

370 — *Le Joueur de violon bossu* (B. 44).

A gauche, une femme sur le seuil de sa porte et tenant un enfant dans ses bras, un paysan assis sur une pièce de bois, et un enfant tenant un cerceau écoutent un joueur de violon bossu. Dans le fond, à droite, on voit un pin, et, au milieu, diverses constructions. En bas, à gauche, près de l'entrée d'une cave, on lit : A. Ostade.

Première épreuve. — La bordure est tracée au burin. Le toit qui est en haut, à gauche, n'est ombré que faiblement.

Deuxième épreuve. — Les tailles qui forment l'ombre du toit, en haut, à gauche, ont été retravaillés ; l'ombre est maintenant très-forte ; il en est de même de quelques autres parties de la planche, mais il n'y a encore nulle part de travaux de pointe sèche fins et serrés.

Troisième épreuve. — Le toit, en haut, à gauche, a été éclairci, mais sur l'ombre de la porte, derrière la femme, on voit de nombreux traits de pointe sèche fins et serrés, on en voit aussi sur l'entrée de la cave, sous le devant du chapeau du joueur de violon, et sur le seau suspendu à la corde.

Quatrième épreuve. — Tous les travaux ont été retouchés au burin ; l'estampe a un aspect dur, le toit qui est en haut, à gauche, est redevenu noir.

371 — *Le Violon et le Vielleur* (B. 45).

Sous un grand arbre, devant la porte d'un cabaret, un homme vu par le dos joue du violon, il porte un manteau court et un chapeau à bords relevés ; un petit garçon jouant de la vielle est près de lui ; à gauche,

des buveurs, dont l'un est debout, l'écoutent en riant ;
une femme, dans la maison qui se voit à gauche, appuyée sur le volet inférieur de la porte, regarde cette
scène ; près d'elle, mais en dehors, on voit un homme
assis ; à droite, dans le lointain, on voit la rue d'un village ; à gauche de l'estampe, sur un tonneau dressé sur
son fond, on lit : A. V. O, ces lettres sont liées en monogramme.

Première épreuve. — Les ombres sont lourdes et
empâtées, ce qui indique des retouches. Le lointain, à
droite, est complétement tracé ; mais, ni le sol devant
la porte de la maison, ni l'homme assis près de la porte,
ni la partie ombrée de la table qui est entre les buveurs,
ni l'ombre qui est sur le côté gauche du petit vielleur,
ni la personne qui regarde par la petite fenêtre à droite
de la porte de la maison ne sont couverts de tailles obliques et régulières. Sur le coude droit du buveur assis
à califourchon sur un banc, il n'y a pas de tailles obliques, régulières, mais, il y a une tache qui ne se trouve
plus dans l'état suivant. Le bonnet du buveur qui est
debout tenant un verre à la main est très-noir et n'est
pas couvert de tailles verticales et régulières.

Deuxième épreuve. — Toutes les ombres sont éclaircies ; la planche manque un peu d'effet ; il y a des tailles
obliques sur le sol devant la porte de la maison et sur
l'homme assis près d'elle, sur l'ombre de la table qui
est entre les buveurs, sur l'ombre qui couvre le côté
gauche du petit vielleur, sur la personne qui regarde
par la petite fenêtre à droite de la porte de la maison.
Le bonnet du buveur qui est debout et tient un verre à
la main est couvert de tailles verticales et régulières ;
on ne voit pas encore les tailles fines et serrées qui se
trouvent dans l'état suivant. Le coude droit de l'homme
assis a huit contre-tailles régulières et la tache qui y était
ne se voit plus qu'avec peine.

Troisième épreuve. — On voit des tailles fines et serrées sur l'ombre qui couvre le côté gauche du petit vielleur, sur l'ombre qui est sous le banc près de la jambe du buveur assis à califourchon, sur l'ombre qui est entre les buveurs qui sont à table, sur l'ombre très-forte de la petite fenêtre ouverte à droite de la porte de la maison, sur l'ombre de la porte elle-même, sur le côté gauche du bonnet du buveur du banc un verre à la main, enfin sur l'ombre très-forte du tonneau dans la partie qui touche le trait carré. Sur la tour qui se voit dans le fond, à droite, on ne voit pas encore de tailles horizontales régulières dans toute la hauteur.

Quatrième épreuve. La planche a été retouchée au burin ; l'ombre de la tour est couverte de tailles horizontales régulières dans toute la hauteur; les ombres du grand arbre sont couvertes de tailles horizontales; le bonnet du buveur qui est debout et tient un verre à la main a des contre-tailles coupant les premières en losange.

372 — *La Famille* (B. 46).

Cette estampe représente l'intérieur d'une chaumière. A droite, une femme assise tient dans ses bras un enfant qu'elle fait manger; derrière, un homme debout coupe du pain; deux enfants sont autour d'une table, l'un d'eux présente quelque chose à un chien. Au fond, on voit un lit près duquel on distingue les premières marches d'un escalier, et dans plusieurs endroits divers ustensiles de cuisine. En bas, à droite, il y a : A. V. Ostade, 1647.

Première épreuve. — Epreuve à l'eau-forte pure; la bordure est très-légère; les trois marches de l'escalier sont presque entièrement blanches; le plafond est formé de tailles irrégulières; il n'y a point de contre-tailles obliques et régulières sur une planche qui est entre l'escalier et le lit ; il n'y a point de tailles obliques sur le haut de l'ouverture de la porte, ni sur la partie blanche du mur qui est au-dessus de la bouche du four, ni sur celle qui descend le long du trait carré jusqu'en bas. Il n'y a point de contre-tailles obliques sur le côté de la hotte de la cheminée qui est près du trait carré, depuis le milieu de l'estampe jusqu'en haut ; il n'y a que des tailles horizontales de pointe sèche. La planche placée devant le lit, au-dessus de la tête du chien, n'a que des tailles verticales ; il en est de même du volet inférieur de la porte d'entrée. Cette épreuve a une petite déchirure à gauche vers le milieu.

Deuxième épreuve. — La bordure est faite au burin et très-forte. Sur le haut de l'ouverture de la porte, on voit des tailles obliques de gauche à droite et des tailles horizontales sur le volet inférieur ; il y a des tailles obliques de droite à gauche sur la planche qui est entre le lit et l'escalier ; il y en a aussi et dans le même sens sur le mur qui est au-dessus de la bouche du four, et tout le long de ce mur jusqu'en bas. Le côté de la hotte de la cheminée près du trait carré à droite est couvert de tailles croisées régulières recouvrant les tailles horizontales de pointe sèche de l'état précédent. Les marches de l'escalier sont couvertes de tailles horizontales très-légères. Mais il n'y a pas encore de traits fins et serrés à la pointe sèche sur les ombres qui sont au-dessus des lignes et autour de la petite échelle.

Troisième épreuve. — On trouve des traits de pointe sèche, fins et serrés, dans les entre-tailles qui sont sur l'ombre qui est sous le pain que l'homme coupe ; dans les fortes ombres qui sont dans l'alcôve au-dessus de la fenêtre et à sa droite ; dans celles qui sont sur les ombres presque noires que l'on voit en haut de l'estampe ; dans l'ouverture d'une fenêtre en haut, à droite, cachée en partie par un jambon, et sur les jambons eux-mêmes.

10

Quatrième épreuve. — Beaucoup de parties ont été reprises au burin, notamment les tailles verticales qui forment l'ombre sous le pain que l'homme coupe; l'ombre qui est au-dessus de la fenêtre, près du lit, un peu à gauche, au-dessous des cordes qui pendent, est blanchâtre, ainsi que le chapeau accroché au-dessus du panier; elles étaient très-noires dans l'état précédent. Les tailles horizontales et serrées qui sont sous la fenêtre et au-dessus du lit sont très-régulières et d'une teinte uniforme jusqu'à une ombre très-forte qui est sur le lit dans l'état précédent, cet espace était blanchâtre et on ne voyait que des tailles croisées. Il y a d'autres petites différences, mais elles sont de même ordre que celles que je viens de décrire; en général, les tailles sont dures et fortes, parce qu'elles ont été reprises au burin. Épreuve renmargée.

373 — *La Fête sous la treille* (B. 47).

Fête de village sur une place : devant un cabaret, un musicien monté sur une table fait danser un homme et une femme au son de la flûte et du tambourin. Sous une treille, il y a des buveurs; au fond, à droite, on voit la rue d'un village. Au bas de l'estampe, vers le milieu, on lit : A. V. Ostade.

Première épreuve. — La bordure est légère et faite à la pointe; il n'y a point de contre-tailles obliques sur le mur de la maison qui est au-dessus de la femme qui danse; à gauche, contre le trait carré, l'ouverture de la porte vers laquelle se dirige un homme n'a que des tailles horizontales.

Deuxième épreuve. — La bordure est forte et tracée au burin; le mur de la maison qui est au-dessus de la femme qui danse est couvert de tailles obliques de gauche à droite. L'ouverture de la porte qui est au bas, à gauche, et vers laquelle se dirige un homme, a des tailles croisées recouvertes par quelques tailles obliques, mais elle n'a pas encore de tailles fines et serrées dans les entre-tailles. Il y a une petite tache grisâtre sous le bras de l'enfant qui est à gauche près d'un groupe de trois hommes, à l'extrémité d'un arbre renversé et vers lequel se penche un autre enfant.

Troisième épreuve. — La tache qui était sous le bras de l'enfant dans l'état précédent a été raccordé par quelques tailles au burin et forme une tache noire. L'ombre de l'ouverture de la porte est couverte de tailles serrées très-fines ; il y a sur la gauche et vers le haut une petite partie peu couverte de tailles et qui paraît blanchâtre. Le haut du dos du porc a quelques tailles de plus. Les tailles et contre-tailles, dans le bord droit, sur une longueur de 3 à 4 centimètres, à partir du coin d'en bas, ne touchent pas tout à fait le trait carré, mais elles laissent une petite bande blanche très-fine.

Quatrième épreuve. — Les travaux ont été repris au burin. Les tailles et contre-tailles qui sont dans le coin au bas, à droite, vont jusqu'au trait carré et le traversent. L'ouverture de la porte qui est au bas, à gauche, est couverte de tailles horizontales régulières et serrées qui lui donnent un ton noir uniforme ; il n'y a plus de partie blanchâtre vers le haut, à gauche.

374 — *La Fête sous le grand arbre* (B. 48).

A droite, on voit un cabaret orné d'un drapeau et devant la porte duquel des paysans dansent. Plus près du milieu, sous un grand arbre, des paysans et une paysanne sont attablés et boivent. Au milieu, il y a un groupe de trois personnes debout, deux hommes et une femme ; entre leurs jambes se glisse un jeune enfant ; près de là, deux jeunes enfants sont à califourchon sur un cheval de bois. Dans le lointain, à gauche, on voit la rue d'un village. Sur le drapeau suspendu à l'entrée du cabaret, on lit : A. V. O.

Première épreuve. — Avant des tailles fines et serrées sur l'ombre que l'on voit à la pointe du drapeau, au-dessus de la tête du buveur dont le bras est élevé et qui tient un vidrecome à la main. A la gauche de cette main, il y a une petite tache grisâtre qui semble venir d'une éraillure d'eau-forte. Çà et là, sur l'estampe, on voit des égratignures de pointe, mais cela se reproduit tant que la planche n'est pas usée et cela ne peut carac-tériser un état. Rare.

Deuxième épreuve. — Il y a des tailles fines et serrées sur la tête du buveur que l'on voit vers la pointe du drapeau tenant un vidrecome à la main et dont le bras est étendu. La tache grisâtre qui est à gauche de sa main est mieux couverte que dans l'état précédent, mais elle se voit encore. En haut, vers la droite, entre l'arbre et le haut de la chaumière, on voit deux traits verticaux qui n'étaient pas dans l'état précédent.

Troisième épreuve. — La planche est faible, on ne voit presque plus la tache qui était au-dessus du toit de l'église dans les deux états précédents. Les égratignures de pointe sèche ont complétement disparu, ainsi que la tache qui était sur la partie blanche que l'on voit à gauche de la main levée du buveur placé vers la pointe du drapeau. L'aspect de cette planche est froid et grisâtre.

375 — *La Danse au cabaret* (B. 49).

Dans l'intérieur d'un cabaret, un homme et une femme dansent au son d'un violon ; le musicien est assis derrière le danseur. A droite, un homme veut embrasser une femme qui s'en défend. Au fond, vers le milieu, on voit un homme tenant un pot à la main et donnant la main à une femme qui est derrière lui. Vers la gauche, une femme assise tient un gâteau de la main droite, et, de la gauche, un verre qu'un enfant veut lui prendre. Dans la marge du bas, à droite, il y a : **A. V. Ostade,** *fecit et excud.*

Première épreuve. — Avant le travail à la pointe sèche sur les ombres.

Deuxième épreuve. — Avec les tailles fines et serrées à la pointe sèche sur l'ombre du chaudron qui est en bas, à droite ; sur l'ombre que l'on voit sur le sein de la femme que l'homme veut embrasser, et en partie sur cet homme lui-même ; sur le dos de l'homme assis sur un petit banc auprès de ce groupe ; sur le quatrième jambon à gauche ; sur le banc renversé qui est en bas de l'estampe vers le milieu, et en quelques autres endroits. Dans l'angle du haut, à droite, sur une longueur de deux centimètres, on n'aperçoit que quelques tailles obliques ; le trait carré est léger en haut et sur le côté droit ; il manque totalement depuis le haut jusque vers le milieu de l'estampe.

Troisième épreuve. — La planche a été retouchée ; le ton en est dur ; les tailles verticales qui sont sur le quatrième jambon, à gauche, sont fortement accusées ; dans l'angle droit du haut, les tailles obliques sont nombreuses et couvrent entièrement le coin ; le trait carré du haut de l'estampe a été retravaillé au burin et est très-fort. Le trait carré du bord droit est nettement tracé ; il a été aussi repris en bas du même côté.

376 — *Le Goûter* (B. 50).

Dans l'intérieur d'une maison de paysans, quatre hommes et une femme sont assis autour d'une table et boivent. Deux hommes sont assis, ainsi que la femme ; l'un des hommes assis tient une cruche d'une main et un verre de l'autre, et il semble offrir à boire à la femme ; entre eux il y a un homme debout ; la chaise qui est derrière lui est couverte d'un coussin, et derrière

cette chaise on voit la porte d'une cave dont l'un des
vantaux est ouvert. Au fond, vers la gauche, un homme
aussi debout tient à la main un verre rempli ; derrière
lui il y a une chaise à dossier rond ; près de lui on voit
deux enfants, le garçon fait boire la petite fille, et devant eux il y a un chat. A gauche, dans le bas, on lit :
A. Ostade. Dans la marge du bas, il y a les deux vers
suivants :

.... Securæ reddamus tempora mensæ
Venit post multos una serena dies.

TIBULL.

Première épreuve. — Avant la lettre, avant les contre-
tailles sur le coussin et sur le dos de la chaise qui est
derrière l'homme debout qui tient un verre à la main ;
la petite fille a un bonnet, mais il n'y a pas de contre-
tailles sur son bonnet ni sur sa figure ; le vantail fermé
de la porte de la cave n'a pas de contre-tailles.

Le bord inférieur de l'estampe a été fendu en trois
endroits, et les fentes ont été soutenues par des fragments de papier collés derrière.

Deuxième épreuve. — Avec les deux vers dans la
marge du bas ; la bordure est tracée au burin ; il y a
des contre-tailles horizontales et obliques sur la porte
de la cave ; la figure de la petite fille a des contre-tailles
verticales sur la partie gauche de la figure et obliques
sur la partie droite ; le dos et le coussin de la chaise de
l'homme qui est debout, un verre à la main, sont couverts de contre-tailles. Il y a de nombreuses tailles
croisées sur le montant de l'échelle qui est derrière cet
homme et entre les échelons. Sur les planches qui sont
entre le jeune garçon et le trait carré, il y a des tailles
horizontales qui vont jusqu'à la bordure, mais il n'y a
pas encore de traits fins et serrés à la pointe sèche sur
les ombres de diverses parties de l'estampe, notamment sur l'épaule droite de l'homme assis qui tient un

verre à la main, ou sur l'ombre qui est sous le menton de l'homme debout près de lui, ou encore sur l'ombre qui est le long du corps du chien, près de la tête.

Troisième épreuve. — Avec le travail fin et serré de la pointe sèche sur l'ombre qui couvre le dos et le bras gauche de l'homme assis et tenant une pipe ; sur les différentes ombres qui sont sur l'homme debout près de lui ; sur l'épaule droite de l'homme assis, tenant un verre à la main ; sous le menton de l'homme près de lui ; sur le côté droit du chien près de la tête, et encore ailleurs, mais avant les contre-tailles obliques, fortes et serrées ; sur le volet inférieur de la porte de la maison, à droite, près de la bordure.

Quatrième épreuve. — La planche a été entièrement retravaillée. Il y a des contre-tailles obliques de droite à gauche, assez fortes et très-serrées, sur le volet inférieur de la porte placée à droite près de la bordure, sur le montant de cette porte et sur la partie de l'estampe qui est au-dessus de la porte ; sur la partie du lit qui est au-dessus de l'épaule droite du buveur assis et tenant un verre, on voit une douzaine de contre-tailles obliques de droite à gauche et fort régulières ; il y en a aussi tout le long de l'épaisseur de la planche qui est à côté. La partie du lit qui est au fond de l'alcôve et celle qui est près du rideau et qui paraît plus blanche, ont été recouvertes de tailles croisées.

377 — *Le Paysan qui pisse.*

Dans le coin, à gauche, au bas, il y a A. O. S. Pièce douteuse, gravée dans le goût de l'Epouilleuse (n° 361), et que R. Weigel dit pouvoir bien être de W. Basse. Belle épreuve de second état.

378 — *Le Fumeur et la Fumeuse.*

Dans une salle, on voit à droite une femme assise qui tient une pipe à la main, et vis-à-vis d'elle un homme allumant sa pipe, et dont l'épaule gauche est recouverte d'un manteau entièrement blanc. Derrière celui-ci il y a un homme tenant un pot à la main. A gauche, on voit un homme assis et une femme près de la cheminée. Pièce qui n'est certainement pas d'Ostade, et dont, selon Bartsch, il a tout au plus fourni le dessin.

PHOTOGRAPHIES.

379 — *Pifferari.*

Trois pièces in-4.

— *Napolitains..*

Deux pièces in-4.

Vue de Paris, prise des tours Notre-Dame, par H. Lesecq, in-fol., en travers.

Le Jugement de Pâris, d'après Marc-Antoine, par Marville, avec la signature de M. Marville.

— *Jupiter et l'Amour.*

— *La petite Vendange.*

Par Fraget.

PIRANESI (J.-B.)

Architecte, graveur à l'eau-forte et au burin, né à Rome en 1707, mort dans la même ville en 1778.

380 — *Raccolta di alcuni Disegni del Barberi da Cento detto il Guercino. Incisi in rame, e presentati al singolar merito del signor Tommaso Jenkins pittore, e suo coaccademico Gio. Battista Piranesi.*

Ce sont des gravures reproduisant plusieurs tableaux du Guerchin, tirés de diverses collections. Les graveurs sont : Giacomo Nevay, Giovanni Ottaviani, Francesco Bartolozzi et Piranesi lui-même. Il y a 21 pièces.

A la suite, il y a 15 planches reproduisant des paysages du même peintre. Voici le titre : *Frontespizio di Paesi Dissegni del Cav. Gio. Fran^{co} Barbieri.*

Enfin, deux autres planches gravées par Piroli et Piranesi.

POILLY (FRANÇOIS)

Graveur au burin, né à Abbeville en 1622, mort à Paris en 1693.

381 — *La Vierge au berceau.*

L'Enfant Jésus, debout sur son berceau et appuyé contre la Vierge assise, caresse des deux mains les joues de saint Jean, qui est sur les genoux de sainte Anne.

Au bas, il y a : *Deliciæ meæ esse cum filiis hominum.* Prou. 10.

Au bas, à gauche, dans l'estampe, on lit : *R. Sanctio Urbinate in.* A droite : *F. Poilly sculp. cum privilegio regis.*

Belle épreuve.

La Vierge au linge.

La Vierge soulève le voile qui couvre Jésus pour montrer l'enfant à saint Jean ; celui-ci, à genoux, joint les mains en admirant Jésus. Dans l'estampe, à gauche, en petits caractères : *Raphael Urbinus in.*, et, à droite, *F. Poilly sculp. cum privil. regis.*

Belle épreuve.

PORPORATI (CHARLES)

Graveur à l'eau-forte et au burin, né à Turin en 1740, mort dans la même ville en 1816.

382 — *Suzanne au bain.*

Cette gravure a été faite d'après un tableau que Santerre a peint pour sa réception à l'Académie de peinture de Paris, en 1704. Le graveur a choisi ce tableau pour sujet de réception dans la même Académie en 1773.

A gauche : *Santerre P.* A droite : *Porporati S.*

Épreuve avant la lettre d'un aspect doux et velouté.

383 — *Léda et Jupiter.*

D'après le tableau du Corrège.

A gauche : *Correggio pinx.* A droite : *Porporati sc.*

Très-belle épreuve avant la lettre, avec les armes seulement. Charmante estampe.

GRANDS PRIX DE GRAVURES.

384 — Figures (académiques) qui ont remporté le grand prix de gravure aux concours de l'École des Beaux-Arts, savoir :

An XIII, Masquelier fils, 2 épreuves.

1806, J.-T. Richomme, 2 épreuves.

1809, C. M. F. Dien.

1811, A. Corot.

1812, Eugène Bourgeois.

1814, Forster, 2 épreuves.

1816, Coiny.

1818, B. Taurel.

1820, C. Lorichon.

1824, A.-F. Gelée, 2 épreuves.

1826, Giraud.

1828, Vibert.

1830, Ach. Martinet, 2 épreuves.

1832, Geille.

1834, F.-A. Bridoux, premier premier grand prix.

1834, L. A. Salmon, deuxième premier grand prix.

1838, M. Pollet, premier premier grand prix.

1838, M. Normand, deuxième premier grand prix.

1840, J.-M. Saint-Eve.

1842, Louis Delemer.

25 Pièces in folio.

PRUD'HON (Pierre-Paul)

Peintre et graveur; né à Cluny en 1760, mort à Paris en 1823.

385 — *Edouard surprend Stelline au bain.*

Dans une grotte un homme à genoux est aux pieds d'une femme nue et embrasse ses genoux.

Au bas il y a une tablette sans inscription. *Prud'hon, inv. B. Roger, sc.*

Cette estampe et trois autres ont été gravées pour illustrer un roman de Lucien Bonaparte, *non publié*, dit Roger dans le catalogue de son œuvre, mais dont il y a eu deux éditions selon **M.** Villot. Voici, selon lui, le titre de la première édition : *la Tribu indienne, ou Edouard et Stellina, par le C. L. B. Paris, Honnert, an VII (1799). 2 vol. in-12.* Cette première édition a été retirée du commerce par l'auteur. L'ouvrage a été réimprimé et donné comme une traduction de l'anglais sous ce titre : *les Ténédares, ou l'Européen et l'Indienne. Paris, Chamerot, année 1802. 2 vol. in-12.*

Selon M. Villot, Prud'hon a fait 5 dessins pour ce livre, et quatre selon Roger. Voici les titres que leur donne **M.** Villot :

1° La Vengeance; 2° la Soif de l'or; 3° l'Homme à la massue; 4° la petite Diane; 5° la Grotte. Roger donne à ces planches, gravées par lui, les inscriptions suivantes : 1° l'Homme étouffé par la passion des richesses, étouffe les sentiments de la nature; c'est le frontispice de l'ouvrage (n° 2 de **M.** Villot) ; 2° Stelline donne l'hospitalité à Edouard (n° 4 de **M.** Villot); 3° Edouard surprend Stelline au bain et embrasse ses genoux (n° 5 de **M. V.**), et Stelline prosternée aux pieds de l'idole Wedra (n° 1 de **M.** Villot). Roger ne parle pas de la pièce que **M.** Villot nomme *l'Homme à la massue* (n° 3), et **M.** Villot ajoute que cette pièce est sans nom d'auteur ni de graveur. Mais il suppose qu'elle a été gravée par Roger. Il est donc permis de croire qu'il s'est trompé dans ses attributions, et que cette gravure, si elle est de Prud'hon, n'a pas été faite pour le livre de Stelline.

Roger ajoute que trois de ces quatre planches n'ont tiré que 12 épreuves. Les planches ayant été détruites par les enfants de Lucien en voulant les polir avec du sable.

La pièce que j'ai décrite en commençant cet article est de second état, le premier est sans aucun nom.

386 — *Le Bain, ou Dafni e Cloe.*

Daphnis déjà entré dans le bain attire à lui Chloé qui résiste et semble craindre.

Au bas : *Prud'hon, del. Roger, sculpt.* Cette estampe a été faite pour illustrer le livre suivant : Gli amori pastorali di Dafni di Longo sofista, tradotti della lingua greca dal commandatore Annibal Caro. Parigi, Ant. Renouard, 1800, in-18.

RAIMONDI (Marc-Antoine)

Graveur au burin, né à Bologne vers 1488, l'année de sa mort est inconnue.

387 — *Le Massacre des Innocents* (B. 20).

Cette estampe représente une place publique où des soldats massacrent des enfants jusque dans les bras de leur mère.

Epreuve sans le chicot. L'inscription sur le piédestal est Rapha-Vrbi-Inven (Bartsch dit Inve) et pour chiffre une M, un A et une F.

On sait que cette estampe a donné lieu à des controverses assez animées, les uns l'attribuant à Marc de Ravenne, les autres la regardant comme une répétition de l'estampe de Marc-Antoine faite par le maître lui-même. Heinecken la donne nettement à Marc-Antoine. Bartsch rapporte les deux opinions et semble pencher vers l'opinion qui attribue cette estampe à Marc de Ravenne. Voici les différences qu'on remarque entre les deux planches : dans celle de Marc-Antoine on voit au fond, à droite, près du bord de la planche, un bouquet d'arbres au-dessus duquel s'élève un petit arbre semblable à un sapin ou à une fougère; les amateurs l'appellent ordinairement *chicot*, et les Italiens *felcetta*, c'est-à-dire fougère. Dans le fond, à gauche, sur un piédestal, est écrit : RAPH. VRBI. INV. et le monogramme de Marc-Antoine composé d'un M. et d'un A. seulement. La pièce attribuée à Marc de Ravenne n'a point ce petit arbre, sapin ou fougère, que l'on appelle le chicot ; de plus, l'inscription sur le piédestal est écrite ainsi : RAPHA. VRBI. INVEN., le chiffre se compose d'un M., d'un A. et d'un F.

L'estampe de Marc-Antoine est le chef-d'œuvre de la gravure, et l'autre estampe en diffère si peu qu'il faut une comparaison des plus attentives pour y voir les différences que Bartsch a signalées ; elles sont l'une et l'autre d'une extrême rareté, surtout lorsque les épreuves sont aussi belles que celle-ci. Malheureusement elle a quelques restaurations.

— *La Descente de croix* (B. 32).

Estampe gravée d'après Raphaël. Quatre disciples de Jésus descendent son corps de la croix; au pied de cette croix la Vierge évanouie reçoit des secours de trois femmes. La tablette de Marc-Antoine, sans le chiffre, est au bas, à droite. Belle épreuve d'une pièce très-rare.

— *La Vierge au palmier* (B. 62).

La Vierge et sainte Elisabeth sont assises à terre dans une campagne. Jésus, assis sur les genoux de sa mère, bénit saint Jean agenouillé devant lui. Au fond, vers la gauche, il y a un palmier dont le sommet dépasse le bord supérieur de l'estampe, et qui lui a fait donner le nom de la Vierge au palmier. C'est une des plus belles pièces que Marc-Antoine ait gravée d'après Raphaël. La tablette, sans le monogramme, est au bas, à gauche. Très-belle épreuve. Elle est doublée d'un papier fin et elle a subi quelques restaurations.

390 — *La Vierge assise sur des nues* (B. 47).

La sainte Vierge est assise sur des nues, elle soutient Jésus qui est près d'elle. Belle estampe gravée, d'après Raphaël, par Marc-Antoine, dans sa manière fine. Il n'y a ni tablette ni monogramme. Épreuve qui a subi des restaurations.

391 — *La Vierge assise sur les nues* (B. 52).

La Vierge soutient de ses deux mains l'Enfant Jésus assis en partie sur la jambe droite de sa mère.

Estampe gravée par Marc-Antoine d'après Raphaël. En bas, à droite, on voit la tablette du maître sans le chiffre. Belle épreuve, mais avec quelques restaurations.

392 — *Le Martyre de sainte Félicité* (B. 117).

Estampe gravée d'après Raphaël. Sainte Félicité est dans une chaudière, deux bourreaux sont occupés à entretenir le feu; deux autres lui montrent les têtes de ses fils décapités. Au bas, sur le piédestal, on lit : RA. VR. IN. et au-dessous M.

Belle et vigoureuse épreuve avant l'oreille droite à la tête de la sainte. Heinecken dit que cette estampe se nomme aussi le Martyre de sainte Martine. Notre épreuve est doublée d'un papier mince et a quelques restaurations.

393 — *Le Martyre de saint Laurent* (B. 104).

300

Cette riche composition de cinquante figures a été gravée par Marc-Antoine, d'après *Baccio Bandinelli*. Un des bourreaux s'efforce d'étendre le saint sur le gril au moyen d'une longue fourche qu'il tient de ses deux mains. Vers la gauche, en bas, on lit sur une tablette : BACCIUS BANDIN. INVEN ; à la gauche de cette tablette, on voit le chiffre du maître. Belle épreuve d'une estampe très-rare. C'est elle, dit Heinecken, qui remit Marc-Antoine en grâce auprès du pape Clément VII.

C'est après la mort de Raphaël, selon Bartsch, qu'il fit cette gravure pour *Baccio Bandinelli*. Ce sculpteur s'étant plaint au pape Clément VII que le graveur avait fait beaucoup de fautes en ne copiant pas exactement l'original, le Pape, qui était connaisseur, ayant comparé le dessin avec l'estampe, jugea que Marc-Antoine non-seulement n'avait pas fait de fautes, mais qu'il en avait fort heureusement corrigé plusieurs importantes faites par Bandinelli, et qu'il avait surpassé le dessin original. On remarque, en effet, que Marc-Antoine, accoutumé aux grâces de Raphaël, a répandu dans cet ouvrage beaucoup de la belle manière de cet excellent maître, et qu'il a su adoucir la manière rude et sauvage de Bandinelli. On peut juger, par cette estampe, de la différence qu'il y a dans la disposition et l'ordonnance d'un sujet traité par un peintre ou par un sculpteur. Elle peut servir aussi à faire voir la différence qu'il y a entre les écoles de Rome et de Florence pour les draperies, les coiffures, les airs de tête et pour la science des muscles et de l'anatomie, dont les Florentins ont fait de tout temps leur principale étude.

Les marges sont soutenues par des bandes de papier, ainsi que le milieu dans sa hauteur.

394 — *La Cassolette* (B. 489).

18 c

Deux cariatides se tenant par la main supportent une cassolette placée au-dessus de leurs têtes. La cassolette est percée d'ouvertures en forme de fleurs de lis, ce qui fait juger que Raphaël a fait ce dessin pour François Ier. La tablette du maître, sans le chiffre, se voit en bas, à gauche. Très-belle épreuve. Mais elle a quelques restaurations.

395 — *Le Jugement de Pâris* (B. 245).

152 c

Pâris présente à Vénus la pomme qu'elle a remportée sur ses deux rivales. Sur une tablette, au bas, à gauche, on lit : Sordent præ forma ingenivm virtvs regna avrvm. Vers le milieu de l'estampe, il y a : Raph. Vrbi. Inven. et le chiffre du maître.

Quelques personnes ont prétendu que Raphaël avait puisé le sujet de cette composition dans un bas-relief antique, qu'il aurait détruit ensuite pour qu'on lui en attribuât l'idée. Suivant Vasari, Marc-Antoine a gravé cette planche immédiatement après la planche de Lucrèce.

Cette épreuve, achetée par la Bibliothèque impériale à la vente de M. Van Putten, faite en 1820, pour le prix de 1,105 fr., fut cédée par elle à M. Simon, comme une compensation d'une magnifique épreuve de la même estampe qu'il donna à cette Bibliothèque, épreuve qu'il avait achetée 3,350 fr. à la vente Debois, en 1844. Elle venait de la vente Revil où elle avait été payée 1,400 fr.

Voici la copie de l'acte d'échange :

« Vu la délibération du Conservatoire du 27 mai 1846, qui approuve la proposition des conservateurs du département des estampes, cartes et plans, pour l'échange des objets ci-après désignés ;

« Vu la lettre de M. le Ministre de l'Instruction publique, en date du 8 juin suivant, qui autorise ledit échange;

« Entre le sieur Naudet, directeur de la bibliothèque royale, d'une part;

« Et le sieur Simon, amateur, demeurant rue des Fossés-Saint-Victor, 26, d'autre part;

« Il a été convenu et arrêté ce qui suit :

« ART. 1er. Le sieur Simon cède à la bibliothèque royale une magnifique épreuve du Jugement de Pâris, gravé par Marc-Antoine Raimondi, d'après Raphaël, par lui acquise à la vente de M. Debois, au prix de 3,350 fr.

« ART. 2. Le sieur Naudet cède en échange une épreuve de la même planche acquise il y a 25 ans à la vente de M. Van Putten pour le prix de 1,000 fr.

« Fait double à Paris, le 15 juin 1846.

« Signé : AUGUSTE SIMON.
NAUDET. »

Voici, au sujet de cet échange, la lettre que M. Naudet écrivit à M. Simon.

« Monsieur,

« Le Conservatoire a été informé que, par un généreux échange, vous avez enrichi la Bibliothèque royale d'une très-belle épreuve du Jugement de Pâris, par Marc-Antoine, pour laquelle vous avez accepté en retour une épreuve de beaucoup moindre valeur. »

« Nous avons tous apprécié un tel procédé et je vous prie de recevoir les remerciements de l'administration.

« Veuillez agréer, Monsieur, l'assurance de ma considération très-distinguée.

« Paris, 17 août 1846.

« Signé : NAUDET. »

396 — *Vénus sortie du bain* (B. 297).

Vénus est assise sur un lit dont on voit les rideaux, elle essuie le pied gauche avec un grand linge; à gauche,

il y a un bassin rempli d'eau. L'Amour devant elle tenant son arc semble s'éloigner. Cette estampe a été
gravée d'après un dessin des plus gracieux de Raphaël,
c'est une des plus parfaites de Marc-Antoine. Elle est
tout à fait sans marque. Très-belle et très-rare épreuve.
Elle est doublée.

397 — *Le Triomphe de Galathée* ((B. 350).

La fille de Nérée est debout dans une grande conque
traînée par deux dauphins, elle est accompagnée de
Tritons et de nymphes. Cette estampe a été gravée d'a-
près Raphaël, c'est une des plus belles et des plus rares
de son œuvre. La tablette du maître, sans le chiffre, est
en bas à droite. Très-belle épreuve avant les noms de
Van Aelst et de Rossi. Elle est sur un beau papier
italien, mais elle a subi quelques restaurations.

398 — *Le Jeune et le vieux Bacchant* (B. 294).

Un jeune Bacchant portant un thyrse conduit un
vieux Bacchant qui est ivre et tient une grappe de raisin. Cette estampe a été gravée d'après un dessin que
l'on attribue à Raphaël ou à Jules Romain. A gauche,
en bas, on voit le chiffre de Marc-Antoine, M. A. F.
Très-belle épreuve.

399 — *La Vendange* (B. 306).

Bacchus assis sur une tonne tient une coupe à la
main. Devant lui, un homme jette du raisin dans une
cuve. Plus loin, à gauche, un jeune homme, portant sur
la tête un panier rempli de fruits, est accompagné de
deux enfants portant un panier de raisin. Cette pièce a
été gravée sur un dessin de Raphaël qui paraît avoir été
fait d'après un bas-relief antique. C'est une des plus
parfaites de l'œuvre de Marc-Antoine, elle est connue

sous le nom de : *La petite Vendange*. Épreuve sans le chiffre du maître ; Heinecken dit qu'il y a des épreuves avec le chiffre vers la droite.

400 — *Les Grimpeurs* (B. 487).

Cette estampe a été gravée d'après un dessin de *Michel-Ange*, tiré du carton de la guerre de Pise. Elle représente des soldats qui, pendant qu'ils se baignent dans l'Arno, sont alarmés par l'approche de l'ennemi. Un des soldats nu, vu par le dos, s'efforce de grimper sur le rivage. Dans le fond, à gauche, on voit des gens armés qui sortent d'un bois. Ce qui est remarquable dans cette estampe, dit Bartsch, c'est que le paysage est une copie faite par Marc-Antoine, d'après le paysage de Lucas de Leyde qui forme le fond de l'estampe, nommée communément *le Moine Sergius tué par Mahomet*. (Bartsch, nᵒ 126 de l'œuvre de Lucas de Leyde.) La seule différence qui s'y trouve, c'est que Marc-Antoine a supprimé le grand arbre où un flacon est suspendu et les quatre figures qui sont au milieu du lointain, et qu'il a remplacé les cinq personnages que Lucas de Leyde a placés auprès du bois par quatre soldats qui s'avancent en courant.

Au milieu du bas de l'estampe, il y a un écriteau avec une date qu'on s'accorde à lire 1510, mais le zéro pourrait aussi bien être pris pour un 9. Quelle que soit la date, cette pièce est dans le goût de *la Cène aux pieds* et de *la Vierge aux bras nus*, et doit être de la même époque. Très-belle épreuve avant les retouches. C'est une des plus rares de l'œuvre. Elle a quelques restaurations.

VENITIEN (Augustin)

401 — *Psyché servie dans le bain par des Nymphes* (B. 237).

On voit Psyché assise sur le bord d'un bassin, mettant dans ses cheveux un cosmétique qu'une des nymphes lui présente dans une boîte. Une seconde nymphe debout à gauche se sèche la tête, une troisième assise s'essuie le pied droit. Dans le fond à droite on aperçoit une femme couchée.

Cette pièce est la répétition de l'estampe d'Augustin Vénitien ; voici ce qu'en dit Bartsch : « La conduite des hachures étant dans l'une de ces estampes comme dans l'autre, il est clair que l'une doit être la copie de l'autre, mais nous ne saurions décider laquelle est l'original, ni dire qui a gravé celle-ci qui est sans marque. Ce qui est certain c'est qu'elle n'est pas du *maître au Dé*. Il est possible que l'estampe sans marque ait été faite par Marc de Ravenne, ou par un autre disciple de *Marc-Antoine*, si toutefois elle n'a pas été gravée une seconde fois par *Augustin de Venise*. Dans la planche sans marque il n'y a ni cartouches ni vers, il y a de plus quelques différences dans la forme et la distribution des carreaux des deux fenêtres qui sont à gauche ; mais la différence la plus essentielle se trouve dans les plis de la draperie tombée au bas des cuisses de celle des nymphes qui est assise. » Très-belle épreuve d'une conservation parfaite.

RAVENNE (Marc de)

402 — *Le Sacrifice de Noë* (B. 4).

Noë offrant un sacrifice d'actions de grâce après la sortie de l'arche ; à gauche un des fils de Noë tient un grand couteau et va frapper un bélier qui est renversé devant l'autel, sur lequel on voit des flammes. Estampe gravée sur un dessin de Raphaël qui diffère en plusieurs endroits de la peinture faite aux loges du Vatican. Elle est sans marque. Belle épreuve. Elle a quelques soutiens par derrière, et, en bas, dans le coin a droite une petite place a été refaite.

403 — *OEuvre de Marc-Antoine Raimondi.*

Photographies par Benjamin Delessert.
Paris, Goupil, 1853. Livraisons 3 et 4, formant 21
pièces.

RANSONNETTE (CHARLES).

Peintre et graveur en taille douce.

404 — *Son OEuvre.*

En 116 pièces, portraits et paysages, plusieurs sur
papier de Chine, avant la lettre, et avec les eaux-fortes.
OEuvre qu'il serait impossible de faire aujourd'hui.

REMBRANDT (PAUL VAN RHIJN)

Peintre et graveur à l'ean-forte, né à Leyde en 1608, mort à Amsterdam en 1669.

405 — *Portrait de Rembrandt appuyé* (Cl. 21).

De tous les portraits de Rembrandt faits par lui-même,
celui-ci est le plus beau. En haut de l'estampe, à gauche, on lit *Rembrandt f.* et au-dessous : *1639.* Belle
épreuve du 2ᵉ état.

406 — *Portrait de Rembrant dessinant* (Cl. 22).

Voici ce que dit Claussin de ce portrait ; « Il est d'un
travail fin, serré et délicat, ayant beaucoup de rapport
avec la manière savante dont est traitée la pièce de
Cent florins, ce qui m'a toujours induit à croire que ce
portrait avait été gravé dans le même temps ; le clair-
obscur y est entendu admirablement. » A gauche du
personnage il y a une croisée ouverte qui laisse voir un
paysage dans le lointain. Sur une banderolle attachée
en haut de la croisée on lit : *Rembrandt f. 1648.*

Claussin compte neuf états différents de ce portrait.
Les deux premiers états ne sont que des épreuves d'essai. Le troisième état est le premier état de Bartsch.

Notre épreuve est du cinquième état de Claussin et du deuxième état de Bartsch. Elle est fort rare. Le nom est parfaitement marqué, c'est le caractère des plus belles épreuves.

407 — *Agar renvoyée par Abraham* (Cl. 37).

220

Sous ce titre Bartsch cite trois estampes, sous les *Clément* numéros **30**, **31** et **32**. Claussin n'en cite qu'une seule sous le numéro **37**; il a relégué les deux autres dans les pièces douteuses (page **105**, numéros **4** et **5**) sans en donner de bien bonnes raisons. Notre épreuve est le numéro **37** de Claussin et **30** de Bartsch. On voit Abraham en face, au milieu de la planche, le pied droit sur la première marche du petit escalier qui conduit à la maison et se disposant à y monter. En haut à droite, on lit: *Rembrandt f. 1637.* Belle épreuve, fort rare en cet état.

408 — *Joseph racontant ses songes à sa famille* (Cl. 41).

255

Sur une chaufferette, placée au-dessous du fauteuil de Jacob, on voit à peine la signature et l'année : *Rembrandt f. 1638.* Épreuve de premier état ; le frère de Joseph qui est debout derrière lui et qui tient une houlette, n'a pas le visage chargé de tailles. Belle et rare épreuve.

409 — *L'Annonciation aux bergers* (Cl. 48).

107

L'effet de cette pièce est admirable ; il n'y a qu'une partie de l'estampe qui reçoive de la lumière d'une gloire lumineuse qui paraît en haut à gauche; le reste est dans l'ombre, et l'on sait tout le parti que Rembrandt sait tirer de ces oppositions d'ombre et de lumière. Au bas de la planche, à droite, on lit: *Rembrandt 1634.* Superbe épreuve, sur papier à la folie, du 2ᵉ état de Bartsch, du 3ᵉ de Claussin

410 — *Jésus-Christ chassant les vendeurs hors du Temple* (Cl. 73).

Jésus-Christ, au milieu de l'estampe, poursuit avec un fouet une foule de vendeurs qui se sauvent de toutes parts. Parmi eux on remarque, à la droite, un homme renversé sur le dos, traîné par un bœuf au moyen d'une corde attachée aux cornes du bœuf et aux mains de l'homme. Le bœuf fuit vers la gauche, l'homme a les bras au-dessus de la tête et une jambe en l'air, qui laise voir la semelle du soulier. La figure de l'homme exprime la douleur; sa bouche est très-ouverte, on distingue parfaitement les dents de la mâchoire supé-rieure. C'est sans doute un marchand amenant un bœuf à cette espèce de marché et le conduisant par une corde attachée à son poignet; le bœuf, effrayé par le tumulte, fuit en traînant après lui l'homme qui le conduisait.

On distingue deux états de cette planche. C'est la fi-gure de l'homme tombé qui sert à les caractériser. Gersaint, Bartsch, Claussin, Wilson, disent que le pre-mier état est celui dans lequel l'homme tombé sur le dos a le haut de la figure clair, la bouche plus petite et moins travaillée; la lèvre inférieure, très-visible, ne se confond pas avec le reste de la figure. Ils auraient pu ajouter que la semelle du soulier de l'homme tombé est traversée vers le milieu par deux lignes distinctes très-fines et très-rapprochée, le reste de la semelle est tout à fait blanc. Les épreuves de cet état sont plus lé-gères, d'un ton brillant et velouté très-agréable. Dans le second état l'homme renversé a le visage plus ambré, on ne distingue plus la lèvre inférieure, la bouche est plus grande et a l'apparence d'une tache irrégulière faite sur la figure, la semelle du soulier est traversée par un gros trait noir, non ébarbé; les épreuves sont lourdes, souvent dépouillées, l'aspect en est terne et peu agréable à l'œil ; on les nomme dans le commerce : *épreuves à la grande bouche.*

Au bas de l'estampe, à droite, il y a *Rembrandt f. 1635.* Il y a une petite tache noire sous le chiffre 1 de l'année, elle s'étend vers la lettre *f.* Notre épreuve, qui est vive et brillante, est du premier état de Claussin. Elle porte la signature de P. Mariette et la date de 1667.

411 — *Jésus-Christ prêchant*, ou *la Petite Tombe* (Cl. 71).

Jésus-Christ est debout, au milieu de l'estampe, sur une sorte de grande pierre carrée ressemblant à une tombe ; Gersaint a cru que le nom de l'estampe lui venait de cette tombe et cette erreur a été rectifiée par Bartsch et par MM. Duchesne et Ch. Blanc. Voici, selon ces auteurs, l'origine du nom donné à l'estampe. Il y avait à Amsterdam, du temps de Rembrandt, un homme qui était fort de ses amis, et qui se nommait *Pierre La Tombe.* C'était un amateur et probablement un marchand de tableaux, car dans l'inventaire des objets d'art trouvés chez Rembrandt, il y en avait qui lui appartenaient de moitié avec Pierre La Tombe.

Ce La Tombe posséda quelques planches de Rembrandt, et entre autres celles de Jésus-Christ prêchant ; la pièce, par cette raison, reçut le nom de *la petite La Tombe*, et par corruption la petite Tombe, nom sous lequel on la désigne encore dans le commerce des estampes.

On dit que Rembrandt a gravé le portrait de Pierre La Tombe ; mais parmi les portraits d'hommes gravés par Rembrandt, on ne sait lequel est celui de cet amateur.

Notre épreuve est du premier état, qui est le deuxième de Claussin et de Bartsch, le premier état de ces iconographes n'existant pas. Ce qui a fait commettre une erreur à Bartsch et à Claussin, c'est que l'épreuve de la

Bibliothèque impériale, qui venait du peintre Peters, avait été falsifiée par lui au moyen de grattages et de teintes à l'encre de Chine.

412 — *Jésus guérissant les malades. (La pièce de cent florins.)* (Cl. 78).

On dit que le nom de cette estampe lui a été donné parce qu'elle se vendait cent florins en Hollande du vivant même de Rembrandt ; les premières épreuves cependant ont été vendues à un prix moindre. Bartsch, en effet, rapporte qu'il y a à la bibliothèque de Vienne une très-belle épreuve au dos de laquelle on a écrit au crayon rouge : *de 6 prinz op de plaat* ; et plus bas, à la mine de plomb : *f. 48 Gulden*, c'est-à-dire : *la sixième épreuve de la planche, 48 florins*. Mais ce prix ne tarda pas à s'élever. Gersaint, dans son catalogue, explique ce nom d'une autre manière. Voici, dit-il, ce que j'en ai appris en Hollande. On prétend qu'un jour un marchand de Rome proposa à Rembrandt, qui était fort curieux d'estampes, quelques pièces de Marc-Antoine et y mit le prix de cent florins. Rembrandt offrit pour ces estampes une épreuve de sa planche et le marchand accepta. Depuis lors ces prix ont été bien dépassés.

« Ce n'est pas pour rien, dit M. Ch. Blanc dans son catalogue de l'œuvre de Rembrandt, que cette pièce est si célèbre dans le monde, car vraiment tout y est sublime : la mise en scène, la combinaison des lignes, la vérité et la variété des expressions, les prestiges de la lumière et de l'ombre et enfin l'exécution, dont la finesse ne le cède point à la profondeur même du sentiment. »

Notre épreuve est ici de second état, sur papier du Japon et de toute beauté. On sait que le premier état est presque introuvable et que les belles épreuves du second état, très-rares elles-mêmes, sont plus harmonieuses que celles du premier état.

413 — *Les petits Disciples d'Emaüs* (Cl. 92).

Cette petite estampe, gravée avec goût, est fort esti-
mée. On lit au milieu de la marge du bas: *Rembrandt
f.* 1634 ; ici, la marge ayant été enlevée, la signature
ne se voit plus. Mais on y reconnaît une première
épreuve au ton brillant et dans le peu de manière noire
que l'on voit aux rayons.

414 — *La Mort de la Vierge* (Cl. 102).

Grand morceau en hauteur, gravé avec légèreté et
d'une riche et belle ordonnance, selon tous les catalogues de l'œuvre de Rembrandt. Bartsch et Claussin
comptent deux états de cette pièce ; M. Ch. Blanc en
compte un troisième avec raison, puisque ce troisième
état vient d'une planche retouchée. Notre épreuve est
du second état, mais avec des barbes nombreuses et
très-apparentes. Les épreuves de cet état, dit Claussin,
sont pour le moins aussi rares que celles du premier
état. La conservation est parfaite. l'épreuve a toutes ses
marges.

415 — *Mendiants à la porte d'une maison* (Cl. 173).

Cette estampe est une des plus belles de la classe des
gueux ou mendiants. Au bas, vers la droite on lit : *Rembrandt f.* 1648. Il se trouve de la manière noire dans
diverses parties de l'estampe, aux premières épreuves,
comme celle ci. Cette pièce est rare, surtout en belle
épreuve.

416 — *Vue d'Omval*, *près d'Amsterdam* (Cl. 206).

Cette estampe est toujours peu colorée et ressemble
à une épreuve faible, l'eau-forte ayant trop peu mordu.
Les premières épreuves ont de la manière noire et
les bords sont salés. A droite, au bas, on lit : *Rem-

brant, 1645. Il n'a ni la lettre *d* au nom de Rembrandt, ni la lettre *f* après ce nom, comme le disent Bartsch et Claussin. Belle épreuve d'une estampe assez rare.

417 — *Vue ancienne d'Amsterdam* (Cl. 207).

On voit la ville d'Amsterdam dans le lointain. Il n'y a ni date ni signature. Très-belle épreuve.

418 — *Le Paysage aux trois arbres* (Cl. 109).

Ce paysage est un des plus beaux et des plus finis que Rembrandt ait produits ; il est d'un effet très-brillant et gravé avec beaucoup de goût. Au bas, à gauche, on lit : *Rembrandt F.*, 1643. Le nom est très-peu visible. Belle épreuve, elles sont très-rares.

419 — *L'Homme au lait* (Cl. 210).

Cette estampe est ainsi nommée parce qu'il y a sur la droite, presque au bord de l'estampe, un paysan qui porte deux seaux de bois suspendus à une traverse en bois. C'est un joli paysage très-fini. Belle épreuve de premier état.

420 — *Le Paysage aux trois Chaumières* (Cl. 214).

C'est la vue d'un village au bord d'un grand chemin qui est sur la gauche de l'estampe et qui conduit dans le lointain. Sur la droite, il y a trois chaumières. A gauche, au bas : *Rembrandt fe. 1650.* Pièce cintrée, finie avec soin et d'un grand effet. Épreuve de troisième état.

421 — *La Grange à foin* (Cl. 221).

Estampe cintrée par le haut. La grange ne se compose que de quatre piliers surmontés d'un toit. Tout à fait à gauche de l'estampe, sur une hauteur, il y a trois personnages dont un est plus grand que les deux autres

et derrière eux un terrain plat qui se perd dans l'éloi-
gnement. C'est ce lointain qui sert à distinguer les deux
premiers états. Dans le premier, le lointain manque, et
il se trouve dans le second état; ni l'un ni l'autre ne
sont avec le nom de Rembrandt, qui se trouve seulement dans le troisième état. Claussin prétend que le
nom de Rembrandt se trouve même dans le premier
état. L'épreuve que je décris n'a point le nom de Rembrandt et elle est avec le fond, légèrement indiqué,
derrière les trois personnages.

422 — *La Chaumière de la grange à foin* (Cl. 222).

Suivant Bartsch et Claussin, ce paysage supérieurement gravé et très-fini est un des plus beaux que Rembrandt ait faits. Dans le coin, au bas, à droite, on lit :
Rembrandt f., et au-dessous 1641. Aux premières
épreuves, comme celle ci, on trouve de la manière noire
dans plusieurs endroits; par exemple, à la suite du nom
de Rembrandt et sur l'année.

422 bis. — *La Chaumière au grand arbre* (Cl. 223).

Cette estampe fait le pendant de la précédente; elle
est de la même dimension et gravée dans le même goût,
mais elle est moins parfaite surtout sous le rapport de
l'effet. A droite, au-dessous d'un canard qui s'épluche,
on lit : *Rembrandt f.* 1641. Il y a un peu de manière
noire dans les parties ombrées. Belle épreuve.

423 — *La Barque à la voile* (Cl. 225).

Belle estampe gravée d'une pointe légère et pleine de
goût. Elle n'est jamais d'un ton bien vigoureux, parce
que l'eau-forte a mordu légèrement. Dans les bonnes
épreuves comme celle-ci, le fond en est très-sale. Elle
n'a ni date ni signature.

424 — *La Chaumière entourée de planches* (Cl. 229).

Une chaumière entourée d'une palissade de planches se voit au milieu de l'estampe, elle est située au bord d'un canal sur lequel il y a deux canards. En bas, au milieu, on lit : *Rembrandt f.*, sans date. Épreuve de deuxième état. La lettre F est à peine visible et ressemble à un trait échappé.

425 — *Le Moulin de Rembrandt* (Cl. 230).

On a donné à cette estampe le nom de Moulin de Rembrandt, parce qu'on croyait qu'elle représentait le moulin où était né Rembrandt, fils d'un meunier. Les travaux des modernes, et surtout ceux de M. Rammelman Elsevier, un descendant des célèbres imprimeurs, ont prouvé que le moulin à drèche de Herman van Rhyn, père de Rembrandt, était situé dans la ville même de Leyden. Un dessin fait en 1660 par Bisschop, et appartenant aujourd'hui à M. Kneppelhout, représente le vrai moulin de Rembrandt. M. Cornet, conservateur du musée de Leyde, a gravé ce dessin à l'eau-forte en 1853. M. Ch. Blanc, dans le premier volume de l'œuvre complet de Rembrandt, en a donné aussi une petite eauforte.

Au bas de l'estampe, à droite, on lit : *Rembrandt f.*, 1641. Cette pièce, gravée d'une pointe fine et légère, est fort rare. Très-belle épreuve.

426 — *Le Paysage au bateau* (Cl. 233).

Estampe poussée à l'effet au moyen de retouches à la pointe sèche non ébarbées. Vers la gauche, on lit : *Rembrandt f.*, *1650*. Le chiffre 6 est écrit à rebours. Première épreuve, rare de cette beauté.

427 — *Paysage à la vache qui s'abreuve* (Cl. 234).

C'est le nom que Claussin donne à cette estampe. Bartsch l'appelle *l'Abreuvoir de la Vache*. Elle est gravée d'une pointe fine et spirituelle. Dans les premières épreuves, comme celle-ci, il y a beaucoup de manière noire, le fond est couvert d'une légère teinte grise. Il n'y a ni date ni signature.

— *Le même Paysage*.

On voit un canal dans lequel, à droite, s'abreuve une vache; au milieu de l'estampe, il y a une barque et au delà plusieurs maisons de paysans devant lesquelles sont deux grands arbres. Plus loin encore, à gauche, en arrière-plan, on voit une montagne sur laquelle on distingue des constructions et qui s'abaisse vers la droite en se perdant dans le lointain. Dans les bonnes épreuves de ce morceau, qui est gravé d'une pointe fine et spirituelle, il y a beaucoup de manière noire; mais elle a complétement disparu ici; notre épreuve est entièrement dépouillée et d'un état sans nom.

428 — *Portrait d'Ephraïm Bonus* (Cl. 275).

Il y a deux états de cette estampe; d'après Claussin, ils se distinguent principalement par la bague qui est au doigt du personnage. Dans le premier état la bague est noire, parce qu'elle est couverte par les barbes; dans le second état la bague est blanche. Le nom de *Rembrandt* et la date de 1647 se trouvent au bas à droite, mais si couverts par les tailles croisées, qu'il faut une loupe pour distinguer le nom de l'année, et encore n'y parvient-on qu'avec la plus grande attention.

Epreuve avec la bague blanche, c'est-à-dire de second état, avec une marge blanche de quatre centimètres au bas.

429 — *Portrait de Jean Sylvius* (Cl. 277).

Ce portrait est dans un ovale autour duquel on lit : Spes mea Christus. Johannes Cornelij Sylvius, Amstelodamo-bat : functus S. S. Minist. Aōs 45 et 6 menses. In Frisiâ, in Tyemarum et Phirdgum aōs 4. In Balc. et Harich. unicum In Minertsgae aōs 4. Slotis aōs 2. In Hollandiâ Slotis aōs 6. Amstelodami aōs 28 et 6 menses, ibidemq̄ obijt aō 1638. 19 novembr. Natus aōs 74. Au bas il y a seize vers latins dont le premier est : « *Cuius adorandum docuit Facundia Christum....* » et le dernier : « *Quas æmulor, frustraque persequor versu. P. S.* »

Très-belle épreuve avec les coins sales et des barbes.

430 — *Portrait de Utenbogaerd.* (*Le Peseur d'or.*) (Cl. 278).

C'est un des plus beaux et des plus rares portraits de Rembrandt.

Au bas, dans la marge à gauche, on lit : *Rembrandt*, et au-dessous *1639.* Très-belle épreuve de second état, d'un aspect velouté. Elle vient du cabinet Claussin.

431 — *L'Œuvre de Rembrandt reproduit par la photographie.*

Décrit et commenté par Ch. Blanc, ancien directeur des Beaux-Arts. Paris, Baudry, 1853, in-f⁰ en livraisons.

Les dix premières livraisons seulement, soit quarante photographies avec texte. Il y a deux photographies doubles, savoir : *le Vendeur de mort aux rats,* et *Abraham recevant les anges ;* sur cette dernière il y a : « Offert par Ch. Blanc à M. Simon. »

Enfin, il y a une dernière pièce, *Agar renvoyée par Abraham,* qui n'appartient pas à ces dix livraisons. En tout 43 pièces.

ROLLET (Madame)

432 — *Laurence dans la grotte des Aigles.*

> Dédié à Mme de Lamartine.
> Peint par C. Jacquand. Gravé par Réné Rollet.
> Au bas cinq vers tirés de *Jocelyn*, par M. de Lamartine.

ROLLET (Réné)

— *Jocelyn aux pieds de l'évêque.*

> Dédié à Madame de Lamartine.
> Peint par C. Jacquand. Gravé par Réné Rollet.
> Au bas cinq vers tirés de *Jocelyn*, par M. de Lamartine.

ROTA (Martin)

Dessinateur et graveur au burin, né à Sebenico, en Dalmatie, vers la moitié du xvi⁰ siècle.

433 — *Dieu le Père soutenant le corps de Jésus-Christ* (B. 26).

> En bas, au milieu, on voit le chiffre d'Albert Durer séparant en deux l'année 1511 ; au-dessous il y a les lettres MAR. S. F.; les trois premières sont liées en monogramme, et plus bas : *Nicollo Nelli Vene. exc. 1566.*
> C'est la copie d'une gravure en bois d'Albert Durer. (N⁰ 122 de Bartsch. — N⁰ 251 de ce catalogue.)

RUIJSDAEL (Jacques)

Peintre et graveur à l'eau-forte, né à Harlem vers 1635, mort dans la même ville en 1681.

434 — *Le petit Pont* (B. 1).

> A gauche il y a une grande chaumière, dans laquelle on voit une femme; à droite un homme suivi de son chien passe sur un pont rustique formé de troncs d'arbres; en bas, dans la marge, il y a *J. Ruijsdael f.*

SCHONGAUER (Martin),

Peintre et graveur au burin, né vers 1430, mort à Colmar en 1486.

435 — *La Mort de la Vierge* (B. 33).

La Mère de Jésus est représentée mourante sur un lit à colonnes, garni de rideaux. Elle est entourée de plusieurs apôtres ; un d'eux lui présente un cierge allumé ; un autre à genoux tient une longue croix. Un grand chandelier orné de charmantes figurines est devant le lit. Le chiffre du maître est en bas, au milieu de l'estampe. Toutes les figures de cette estampe ont une expression remarquable. Bartsch dit, au sujet de cette pièce : «L'abbé Zani prétend qu'il y a quelques estampes de Martin Schongauer où la marque n'est pas gravée dans la planche, mais seulement ajoutée à la main avec une estampille, et il cite pour exemple la Mort de la Vierge.» Nous croyons que cette assertion n'a point de fondement, du moins nous n'avons rencontré que des épreuves dont la marque était gravée dans la planche même. Dans notre épreuve, la marque est aussi dans la planche, comme le dit Bartsch. Belle épreuve, mais restaurée.

436 — *Saint Sébastien* (B. 60).

Le saint est attaché à un arbre par ses deux bras élevés au-dessus de sa tête, et par les pieds. Son corps est criblé de flèches. Le chiffre du maître est au bas, sous les pieds du saint, mais la lettre S n'est pas à rebours comme le dit Bartsch. Il est impossible d'avoir une plus belle épreuve.

STRANGE (Robert),

Graveur au burin, né aux Orcades en 1723, est mort à Paris en 1795.

436 bis. — *Charles Ier*.

Le Roi, en habit de chasse, s'avance vers la gauche ; il tient à la main une longue canne qu'il appuie sur le

12

sol; la main droite, qui est gantée, est appuyée sur la hanche et porte l'autre gant. A droite, le cheval du roi, tenu par le marquis de Hamilton, baisse la tête et frappe du pied. Derrière, un page porte un manteau. La scène se passe dans le parc de Greenwich.

Ce portrait, d'après Antoine Van Dyck, a été gravé en 1782, pour la réception de l'auteur à l'Académie.

Superbe épreuve avant la lettre.

437 — *Henriette-Marie, reine d'Angleterre, et ses enfants.*

La reine assise est vue de face, elle tient dans ses bras son plus jeune fils, Jacques, duc de Glocester; Charles, prince de Galles, est debout à la droite; près d'elle, il y a une table sur laquelle on voit la couronne royale et un collier de perles.

Ce portrait a été gravé par Strange, d'après Van Dyck. C'est le pendant du portrait précédent.

Superbe épreuve avant la lettre.

SWANEVELT (Hermann),

Peintre et graveur à l'eau-forte, né vers 1620, en Hollande, mort à Rome en 1690.

— Son œuvre composée de cent quarante pièces.

Toutes les épreuves sont très-belles.

On a suivi les numéros de la description de Bartsch, tome II, p. 251, du peintre-graveur.

438 — Variæ Campestru. Fantaisiæ A. Hermano Van Swa-nevelt invent. et in lucem editæ. *Cum privileg. Regis* (1 à 24).

Suite de 24 petites pièces à bordures ovales, sans numéros et sans aucune lettre.

439 — *Paysage sur une planche ovale* (25).

On voit un satyre jouant de la flûte de Pan.

Belle épreuve d'une petite pièce très-rare. Il y a de grandes marges.

440 — *Paysage avec animaux* (26-32).

Sept pièces, sans numéros, avant toutes lettres. Il y a des épreuves avec la signature du maître et l'adresse d'Audran; ce que Bartsch n'indique pas.

Le n. 30 est double, il y a une épreuve d'eau forte pure.

441 — *Les Satyres* (33).

Au bas, dans le milieu, *H. Swanevelt fec*, et, à droite, *chez Audran*.

Saint Jean-Baptiste dans le désert (34).

Il y a ici trois états; Bartsch n'en indique qu'un.

Premier état. — Dans la marge du bas, à gauche, on lit : Appresso Gio Batta de Rossi in Nauona.

Deuxième état. — L'adresse est changée; il y a : In Roma presso Carlo Losi 1773.

Troisième état. — Il n'a point d'adresse, tout a été effacé. Les ombres sont boueuses. A chacun de ces trois états on voit le chiffre du graveur sur une pierre, à droite.

Jésus-Christ tenté par le démon (35).

Il y a ici trois états, comme au numéro précédent ; on les distingue de la même manière, excepté que les adresses sont à droite au lieu d'être à gauche, et que le chiffre du graveur est dans la marge, à gauche.

Bartsch n'indique qu'un seul état.

442 — *Diverses vues de Rome* (36-48).

Le titre est sur une draperie attachée à une arcade ; Illustrissimo viro Gedeoni Tallemant..... Herman van Suanevelt (neuf lignes), et, dans la marge au-dessous, Diverses veues désignées en la ville de Rome, par Suanevelt, et gravées par iceluy. Avec privilège du roy.

Suite de treize pièces, titre compris, sans numéros, premières épreuves avant l'adresse de Bonnart.

La même suite, deuxième état; dans la marge du bas, à gauche, il y a : *H. Bonnart, ex au coq, avec priuil.*

443 — *Paysages ornés de Satyres* (49-52).

Suite de quatre estampes sans numéros. Dans la marge du bas on lit : *Herman van Suanevelt Inventor et fecit. Cum privilegio regis.*

Premières épreuves, avant l'adresse de Bonnart.

444 — *Diverses vues de Rome* (53-65).

Suite de treize pièces, titre compris. Le titre porte : Diverses veuës dedans et dehors de Rome, dessinées par Herman van Suanevelt. Dédié aux vertueux, avec priuil du roy, 1653.

Premières épreuves avant l'adresse de Bonnart, conformes à la description de Bartsch.

445 — *Paysages ornés de sujets de l'Histoire sainte* (66-69).

Suite de quatre pièces.

La description de Bartsch est incomplète, quant aux diférents états de cette suite. Il y a ici trois états :

Le premier. — Avant les mots K. Audran ex., à la première, la troisième et la quatrieme pièces.

Le deuxième. — Sous le nom de Swanevelt, il y a : K. Audran ex., à la troisième (Tobie), et la quatrième (Elie).

Le troisième. — Est avec l'adresse ou l'excudit de P. Mariette, et des n. 1 à 4.

Il y a ici deux suites. La première est de premier état excepté la quatrième pièce (Elie), qui est de second état.

La deuxième suite est avec l'adresse de Pierre Mariette et des numéros, c'est-à-dire de troisième état.

446 — *Pan et Syrinx* (70).

Paysage.

Au bas à gauche : *Appresso Gio Batta Rossi in P. Nauona.*

Epreuve avec l'adresse de Rossi.

— *Salmacis et Hermaphrodite* (71).

Paysage.

Au bas à gauche : *Appresso Gio Batta de de Rossi in P. Nauona.*

Épreuve avec l'adresse de Rossi ; à droite, dans l'estampe, le chiffre.

Plus une épreuve de troisième état ; (au bas, il y a : In Roma presso Carlo Losi l'anno 1773); et une copie en sens inverse, au bas il y a quatre vers français, et à gauche, dans l'estampe, Drevet ex.

447 — *Veuë de l'isle Louvier et d'une partie de l'isle Nostre-Dame* (72).

Israël Silvestre delin. et fe. Israël ex. cum priuil Regis.

Les arbres seuls sont d'Herman, le fond est de Silvestre.

Deux épreuves, la première très-belle.

448 — *Veue du palais d'Orléans, du costé des Chartreux* (73).

Israël Silvestre delin. et fe. Israël excudit cum priuil Regis.

Même remarque qu'au numéro précédent.

449 — *Veue de Gondy* (74).

Maison de plaisance de Messire Jean-François de Gondy, premier Archeuesque de Paris. Israel ex. cum priuil Regis.

Même remarque qu'au numéro 447.

450 — *La Nymphe de la Seine* (75).

Sous l'inscription, il y a : Israel Siluestre delin. et fe.
Même remarque qu'au n. 447.

451 — *Paysages ornés de figures et d'animaux* (77-80).

Suite de quatre pièces sans numéros, conformes à la
description de Bartsch.

On connaît quatre états de cette suite, ce que n'indique pas Bartsh, il y en a ici trois.

Deuxième état. — C'est celui décrit par Bartsch.

Troisième état. — Les mots *et ex* sont effacés.

Quatrième état. — La signature et les autres mots
sont effacés, de sorte que l'on pourrait croire cet état
avant la lettre, si un examen attentif ne montrait que
les ombres sont empâtées et les épreuves moins belles.

452 — *Le Soir* (81).

A gauche, en bas, il y a le chiffre suivi des mots *fe.
et ex. pr. Re.*

Deux épreuves, l'une de second état, conforme à la
description de Bartsch; l'autre de quatrième état; le
chiffre et les mots qui le suivent ont été effacés.

— *Le petit Pont de bois* (82).

A gauche, au bas, le chiffre du graveur suivi des
mots : *fe. et ex. cum pr. Re.*

Deux épreuves, l'une de second état; l'autre de
quatrième.

Même remarque qu'au numéro précédent.

453 — *Différents paysages ornés de fabrique* (83-94).

Suite de douze estampes sans numéros. Conformes à
la description de Bartsch.

Epreuves de premier état, avec les mots *et excudit*,
et avant les adresses de Bonnart, de Modhare et
d'autres.

454 — *Mercure imposant silence à Battus, et Battus transformé en pierre* (95-96).

Au bas : H. Swanevelt fecit Romæ. J. Valdor excu. cum priuil Regis.

Epreuves de second état.

Plus trois épreuves du n. 95 des troisième, quatrième et cinquième états, savoir :

Au troisième état. — Avec l'adresse de Mariette, et sans numéro, à gauche.

Au quatrième état. — Avec la même adresse et le n. 4, à gauche.

Au cinquième état. — Avec le n. 4, mais l'adresse de Mariette a été effacée et la planche a été retouchée.

En plus encore, une épreuve de quatrième état du n. 96.

455 — *La Fuite en Egypte* (97-100).

Suite de quatre estampes, où le sujet est représenté de quatre manières différentes.

Deuxièmes épreuves, conformes à la description de Bartsch; à l'état suivant, les mots *et excudit* ont été effacés.

456 — *Histoire d'Adonis* (101-106).

Suite de six estampes, numérotées de 1 à 6, au milieu en bas, conformes à la description de Bartsch.

Premières épreuves, avec les mots *et excudit*.

457 — *Les Pénitens* (107-110).

Suite de quatre estampes, sans numéros, conformes à la description de Bartsch.

Le n. 109 en double.

Premières épreuves, avec le mot excudit.

Une seconde suite de deuxième état, c'est-à-dire avec le mot excudit effacé, excepté le n. 9, qui est de premier état.

458 — *Balaam* (111).

A gauche, Balaam est arrêté par un ange qui tient à la main une longue épée. Six épreuves différentes.

Première épreuve d'eau-forte pure, avant toute lettre le trait carré assez fortement marqué, surtout en haut; tous les travaux sont légers.

Deuxième épreuve, aussi avant toute lettre, mais la planche a été retouchée; il y a plus d'effets; le trait carré est à peine visible, surtout en haut et à droite.

Troisième épreuve, avec les mots *H. Swaneuelt fecit Rom. K. Audran excudit*, en haut de la planche, à droite (premier état de Bartsch).

Quatrième épreuve, les mots *K. Audran* ont été effacés; en bas, dans la marge, on lit : Auec priuil du Roy. — A Paris, chez Pierre Mariette, rue St-Jacques, à l'Espérance.

Cinquième épreuve, comme l'état précédent, mais avec le n. 2 dans la marge du bas, à droite.

Sixième épreuve, l'adresse de Mariette a été effacée; dans la marge du bas, à droite, il y a : Poilly excudit. Le reste comme l'état précédent.

Les trois derniers états viennent de la collection R. Dumesnil.

459 — *Quatre Paysages en hauteur* (112-115).

Avec figures et animaux. Suite sans numéros.
Premières épreuves, au bas, dans la marge, on lit : Herman Van Suanevelt Inventor fecit et excudit, cum privilegio Regis.

460 — *Le Chevrier au bord du ruisseau* (116).

Paysage, où un chevrier garde des chèvres. Pièce légèrement gravée à l'eau-forte pure. Elle est très-rare.

460 bis. — *Deux estampes faussement attribuées à Herman.*

Selon Bartsch, et qu'il donne à Goyrand, sans bonnes raisons.

La première (n. 1 de Bartsch) représente un sarco-, phage. Au bas, dans la marge, il y a, à gauche, le n. 3, au milieu : se vendent à Paris, chez Pierre Mariette, rue St-Jacques, à l'Espérance, avec priu. du Roy, et, à droite, H. Swanevelt inu. et sculp.

La deuxième (n. 2 de Bartsch) représente un paysage dans lequel il y a, à gauche, un homme et une femme qui s'avancent vers le coin de l'estampe ; près de là, deux beaux arbres, et un peu plus loin deux pêcheurs. Dans la marge du bas, à gauche, il y a le n. 2, puis les mêmes inscriptions qu'à l'estampe précédente.

CORNEILLE VISSCHER.

Graveur à l'eau-forte et au burin, né à Harlem dans la première moitié du XVIIe siècle, peut-être en 1610, mort dans la même ville en 1670 (?)

461 — *Andreas Deoniszoon Winius.*

Il est vu jusqu'aux genoux, assis le coude appuyé sur une table et tenant à la main gauche un papier couvert d'écriture. Des armes, placées dans le fond, derrière le personnage, ont fait nommer cette estampe : *l'Homme aux pistolets.*

Au milieu de l'estampe, à gauche, en deux lignes, il y a : Corn. Visscher. — Delinea et sculp. Au-dessous, sur un ballot, on lit : 1650. ll. et sur un tonneau : A°. 2500, enfin, sur un autre tonneau placé derrière le fauteuil, il y a : 1000 ff.

Belle épreuve de second état.

462 — *La Fricasseuse.*

Cette estampe est aussi connue sous le nom de la *Faiseuse de Koucks.*

Au bas, dans la partie ombrée de l'estampe, il y a :
Corn. Visscher Inv. et Sculp.

Très-belle épreuve, avant le nom de Clément de
Jonghe, placée à terre entre les chenets de la cheminée
et la signature du maître.

463 — *Les Musiciens ambulants.*

Au bas, à droite, il y a : *A. V. Ostade pinxit. C. Vischer fecit aqua forti.*
Très-belle épreuve avant la lettre.

464 — *La Tabagie.*

D'après Ostade. Épreuve avant toute lettre,
Il y a des tachés d'humidité.

465 — *Gellius de Bouma, Ecclesiastes Zutphaniensis*

Il est représenté assis, vu jusqu'aux genoux, tourné
à droite et regardant en face. A sa droite, il y a, sur
une table, un grand livre ouvert, et un petit papier
placé près d'une écritoire. Sur ce papier, on lit :
C. Visscher ad vivum deli. et sculp. Dans la marge du
bas, il y a le nom du personnage et ensuite quatre vers
latins, à droite, et quatre vers hollandais, à gauche.
Les vers hollandais sont signés J. Visscherus.

Epreuve de premier état, dite au livre blanc, parce
qu'une seule page du livre est couverte d'écriture ; elle
vient de la vente Debois, où elle a été payée 535 francs.
On sait que ce portrait est l'un de ceux que l'on nomme
« *les grandes barbes.* »

VISSCHER (Jean).

Dessinateur et graveur à l'eau-forte et au burin, né à Amsterdam en 1636.

466 — *La Couseuse.*

467   A droite, une femme cousant est assise au pied d'un
arbre. Sur le devant, il y a divers animaux. A gauche,

on lit : *Berghem delineavit. J. Visscher fecit*, et à gauche :
Frederick de Witt excudit.

Belle épreuve avant la lettre.

467 — *La Fileuse.*

A droite, auprès d'un rocher, une femme assise file ;
près d'elle est un homme assis, et, devant eux, un autre
homme charge un cheval. A gauche, il y a : *Berghem
pinxit. J. Visscher fecit*, et, à droite : *Frederick de Witt
excudit.*

Belle épreuve avant la lettre.

468 — LES QUATRE HEURES DU JOUR.

Suite de quatre pièces, anciennes épreuves, avant les
numéros.

— *Aurora* (3).

A droite, un jeune homme selle un âne ; près d'eux
il y a un bœuf et divers animaux couchés, et, plus loin,
près de l'entrée d'une maison, un paysan visite le pied
d'un âne ; près de lui, on voit une femme tenant un
enfant dans ses bras,

Au bas, à gauche : *C. Berghem inventor. J. Wisscher
fecit*, et, à droite : *Justus Danckerts excudit.*

— *Meridies* (4).

A gauche, sur le devant, une femme présente le sein
à un enfant, près de là trois hommes se désaltèrent. A
droite, il y a des bœufs et une charrue.

Au bas, à gauche : *C. Berghem invent. J. Wisscher
fecit ;* et, à droite : *Justus Danckerts excudit.*

— *Vesper* (5).

A gauche, au pied d'un rocher, un pâtre, assis sur un
âne, parle à une bergère qui porte un agneau. A droite,
deux bœufs boivent dans un ruisseau.

Au bas, à gauche : *C. Berghem inventor. J. Visscher fecit ;* et à droite : *Justus Danckerts excudit.*

— *Nox* (6).

A droite, un homme et une femme, à cheval, sont au bord d'un gué que traverse un bœuf. Derrière eux il y a un homme appuyé sur un bœuf.

Au bas, à gauche : *C. Berghem inventor. J. Visscher fecit ;* et à droite : *Justus Danckerts excudit.*

Belles épreuves avec marges.

469 — *Le Berger jouant de la musette* (7).

33

A gauche, une jeune fille trait un chèvre ; près d'elle, et un peu au-dessus, un berger, assis, joue de la musette. A droite, il y a un bœuf et deux moutons couchés. Au bas, à gauche, il y a : *C. Berghem invent. J. Visscher fecit,* et, à droite : *Frederic de Widt excudit.*

Belle épreuve de deuxième état.

— *Le Pâtre* (8).

Il est appuyé sur son bâton, il surveille des bœufs qui s'abreuvent ; son chien est près de lui.

Épreuve de premier état, sans lettres ni signature.

— *La Bergère qui trait une chèvre* (9).

Près d'elle il y a un âne et derrière elle un chien qui dort ; au bas, quatre vers latins :

Aspice ut obsequio se cuncta animalia dedant.

.... Homo sole Deo parere negabis.

A gauche : *Joannes de Vischer fecit.* Au milieu de la marge du bas : *Nicolas P. Berchem pinxit.* A droite : *Nicolaus Visscher excudit.*

Épreuve de troisième état.

470 — *L'Aumône* (10).

Un homme à cheval jette une pièce de monnaie dans le chapeau d'un enfant. Au bas, dans la marge, il y a quatre vers latins :

Rusticus exiguo vivens contentus agello,

.... *merito variabilis aulæ.*

A gauche, *Joannes* de Visscher *fecit.* Au milieu : *Nicolaus* P. Berchem *pinxit* ; et, à droite, *Nicolaus* Visscher *excudit.*

Epreuve de troisième état.

Ces quatre pièces viennent de la vente Rigal.

— *Paysan à cheval allant au marché* (12).

Un homme à cheval conduit deux bœufs ; à sa droite, un enfant conduit deux moutons et une chèvre. Vers le milieu, une jeune fille s'avance précédée d'un chien.

(Le dessin de cette estampe se trouve dans le présent catalogue, sous le nº 6.)

Ancienne et belle épreuve sans marges. Collection Rigal.

— *L'Abreuvoir* (11).

Un homme sur un âne conduit un bœuf ; près de lui, à droite, une femme s'apprête à passer un gué traversé par deux bœufs et une chèvre.

Épreuve ancienne et sans marges. Collection Rigal.

471 — *Le vieux Pâtre* (14).

A droite, il y a deux vaches dont l'une boit ; à gauche, une autre vache est couchée au pied d'un mur ; un pâtre, appuyé sur son bâton, les regarde ; devant lui il y a un chien buvant.

Ancienne et belle épreuve sans marges. Collection Rigal.

— *Le Retour au hameau* (13).

Un homme à cheval, vu par le dos, conduit trois bœufs. A sa gauche, une femme, qui porte un fagot, lui parle. Derrière les bœufs il y a un enfant qui porte un paquet. A droite, des bœufs, conduits par un homme à cheval, s'abreuvent. Au-dessus, il y a une grosse tour entourée de maisons.

Ancienne et belle épreuve sans marges. Collection Rigal.

472 — *Les deux Paysannes en voyage* (15).

Un homme à cheval montre le chemin à deux femmes dont l'une porte un paquet.

Ancienne et belle épreuve sans marges. Collection Rigal.

— *Le Maréchal-Ferrant* (16).

Un maréchal ferre un âne ; derrière lui, un homme, assis sur un âne et un autre homme tenant un long bâton à la main, causent ensemble ; à gauche, une femme sur un cheval tient une bouteille d'une main et une coupe de l'autre ; elle parle à un homme qui est debout près d'un bœuf.

Ancienne et belle épreuve sans marges. Collection Rigal.

473 — *Le Berger près d'un pilier de pierre* (17).

Suite de quatre paysages avec figures et animaux.
Un homme, tenant une baguette à la main, montre le haut d'un pilier à une femme qui est près de lui ; devant eux il y a deux moutons. A droite, une femme, assise sur un âne et tenant un enfant dans ses bras, parle à un homme qui est à ses côtés. Dans un des paniers de l'âne il y a un enfant.

Première épreuve avant : *C.-P. Berchem invent. I. Wisscher fecit,* sur l'entablement du pilier, avant la lettre et avant le nº 1.

— *Le Pâtre jouant de la musette* (18).

A gauche, un pâtre, assis sur un tertre, joue de la musette; derrière lui il y a un bœuf. Plus bas, une jeune fille vient de traire une chèvre et elle en fait boire le lait à un enfant déguenillé qui est près d'elle. A droite, des animaux couchés.

Première épreuve avant la lettre et avant le numéro 2.

— *Berger passant un gué* (19).

A droite, trois vaches viennent de passer un gué qu'un berger, que l'on voit à droite, traverse à son tour.

Première épreuve avant la lettre et avant le numéro 3.

— *La Bergère et les Bûcherons* (20).

A droite, un bûcheron charge des fagots sur un âne. Plus loin, une femme, tenant un bâton à la main, le regarde. A gauche il y a un âne et un homme qui ramasse du bois.

Première épreuve avant la lettre et le numéro 4.

VOSTERMAN (LUCAS).

Graveur au burin, né à Anvers en 1578.

474 — *La Descente de croix.*

Estampe gravée d'après le tableau de Rubens qu'il fit pour la confrérie du Mail, à Anvers. Dans la marge du bas, on lit cette dédicace : « Illustrissimo Eccellmo ac prudentissimo Domino Dno Dudleyo Carleton equiti, Magnæ Britanniæ regis ad Confœderatarum Provinciarum in Belgis ordinis, legato ; Pictoriæ artis egregio admiratori. » Et au-dessous, en caractères plus petits :

Petrus Paulus Rubens, gratitudinis et bencuolentiæ ergò nuncupat, dedicatque. Dans l'estampe, à gauche, au bas : *Lucas Vosterman, sculp. et excudit. Anno 1620.*

Très-belle épreuve, avant l'adresse de Corneille Van Merlen. (Basan 99 du Nouveau-Testament.)

Pièce très-rare, surtout de cette beauté. Elle a fait partie des collections Valois et Druon ; elle a été achetée à la vente Debois.

WATERLO (Antoine).

Peintre et graveur à l'eau-forte, né à Amsterdam ou à Utrecht vers 1618,
mort à l'hôpital en 1662.

475 — *Le Départ d'Agar* (B. 131).

Au bas, à droite, dans l'estampe, il y a : *A. W. f. in.* Grande pièce en hauteur. Très-belle épreuve.

— *Elie dans le désert* (B. 136).

En haut de l'estampe, à gauche, on lit : *A. W. f. et in.* Belle épreuve.

— *Alphée et Arétuse* (B. 125).

En haut de l'estampe, à gauche, on lit : *Antoni Waterlo in et fe.* Et tout à fait au coin de la planche, le n° 1.

Première épreuve.

— *Le Voyageur près du bois* (B. 53).

Vers le coin droit, au bas, il y a les lettres A. W. F. Les deux premières sont liées en chiffre. Belle épreuve. Le catalogue Rigal appelle cette pièce : l'*Entrée du Bois.*

— *Le Berger endormi sur le monticule* (B. 118).

Dans la marge de gauche, on lit : *Antonius Waterlo inventor et fecit.* A droite, le n° 6. Pièce en largeur.

476 — *La Place devant l'auberge* (B. 95).

Suite de douze pièces sans numéros.

— *La Ville ruinée* (B. 96).

En haut de la planche, on lit : *Antoni Waterlo f.*

— *Les deux Ponts* (B. 97).

Dans l'estampe, en haut, à gauche, on lit : *Antoni Waterlo in et fe.*

— *Les Voyageurs au bord du grand chemin* (B. 98).

En haut de l'estampe, à gauche, on lit : *Antoni Waterlo in et fe.* Belle épreuve.

— *L'allée naturelle* (B. 99).

Pièce sans signature.

— *La grande Porte* (B. 100).

Le premier plan représente un terrain aride ; sur le second plan, on voit plusieurs maisons ; un pont en ruines conduit à l'une d'elles, mais il n'y a pas d'eau sous le pont : on y voit seulement deux personnes debout. C'est l'arche de ce pont que Bartsch nomme *la grande porte du village.* Elle est sans signature.

— *Les deux Ponts de pierre* (B. 101).

Sans signature.

— *Le Troupeau près du pont de pierre* (B. 102).

En haut de l'estampe, à gauche, on lit : *Antoni Waterlo in et fe.*

— *Le Moulin dans le bois* (B. 103).

En haut de l'estampe, à gauche, il y a : *Antoni Waterlo in et fe et ex.*

— *Le Fauconnier et le Chasseur* (B. 104).

En haut de l'estampe, à gauche, on lit : *Antoni Waterlo in et fe.*

— *Le Repos des deux chasseurs* (B. 105).

Pièce sans signature.

— *Le Bout du bois et le Village sur la hauteur* (B. 106).

En haut, à gauche, on lit : *Antoni Waterlo in et fe.*
Cette pièce est le n° 12 de la suite.

WILLE (Jean-Georges).

Graveur à l'eau-forte et au burin, né à Kœnigsberg en 1715, mort à Paris en 1808.

477 — *L'Instruction paternelle.*

Cette estampe a été gravée d'après le tableau original
qui était alors dans le cabinet de M. de Peters, peintre
du prince Charles, duc de Lorraine, et qui est maintenant dans la galerie impériale de l'Ermitage, à Saint-Pé-
tersbourg. Elle est dédiée à Marie-Thérèse, Impératrice,
reine de Hongrie, etc.; et la perfection avec laquelle
est rendu le brillant satiné de la robe de la jeune fille ,
a fait donner à cette estampe le nom de *la robe de satin.*
Epreuve de premier état avant la lettre, avant les armes,
et d'une beauté surprenante.

On trouve dans les Mémoires de Wille la note suivante : « Le 30 mai 1764, M. Peters, mon compatriote,
peintre du prince Charles de Lorraine, m'a prêté un
tableau de son cabinet, que je vais graver. Ce tableau
est peint par Terburg. Un militaire qui moralise une
femme qui est debout, tournant le corps, et habillée
magnifiquement de satin blanc, et une femme assise,
habillée en noir, buvant un verre de vin, y sont repré-
sentés. » Sous la date du 27 mai 1766, on trouve cette
autre note : « J'ai répondu à Son Altesse Mgr le prince

de Kaunitz-Rittberg, chancelier de Cour et d'État de Leurs Majestés Impériales. Il m'avait exhorté, dans sa lettre, de dédier mon dernier ouvrage à l'impératrice douairière, en s'offrant le plus gracieusement du monde de s'intéresser vivement dans cette affaire auprès de l'impératrice. Je l'ai donc fait, en conséquence de cette invitation. Mon estampe a pour titre : *Instruction paternelle*. J'ai mis une belle épreuve dans une bordure ornée et dorée de plusieurs ors ; l'estampe est sous glace : celle-ci est pour l'impératrice. Une seconde bordure, mais moins riche, avec la même estampe, est destinée pour S. A. Un portefeuille vert et doré contient vingt-quatre épreuves pour l'impératrice et six pour le prince, avec quelques autres pour diverses personnes. » Enfin, sous la date du 27 juillet 1766, on trouve encore ceci : « M. Barré, secrétaire d'ambassade de Leurs Majestés, m'a remis un paquet cacheté aux armes de S. A. le prince de Kaunitz-Rittberg ; ce paquet contenait une bague de diamants brillants superbes, et une lettre remplie d'expressions bien flatteuses pour un artiste. Elle m'instruisait que Sa Majesté l'Impératrice douairière m'envoyait cette bague comme une marque de son souvenir. C'est par rapport à la dédicace de l'*Instruction paternelle* à Sa Majesté Impériale, qu'elle m'a honoré de ce beau présent. »

478 — *Portrait de Louis Phelypeaux, comte de Saint-Florentin, ministre de la maison du Roi.*

Ce portrait est gravé d'après Jean-Louis Tocqué, en 1749, d'après les Mémoires de Wille, en 1751, selon M. Leblanc, dans le Catalogue de l'œuvre de Wille, et d'après l'estampe elle-même. Epreuve de deuxième état, avec la lettre, mais avant la qualité de *ministre* et avec les maillets blancs dans les armes. En bas, on lit l'inscription suivante : *Louis Phelypeaux, comte de*

Saint-Florentin. Massilia civitas beneficiorum memor offerebat. Anno M. D. CC. LI. Puis, à gauche : Peint par Louis Tocqué en 1749, et, à droite : Gravé par J.-G. Wille en 1751. (Leblanc, n° 125.)

On trouve dans les Mémoires de Wille la note suivante : « Le 15 mars 1763, M. de Rosny m'a remis la planche que j'ay gravée en 1749, du portrait du comte de Saint-Florentin, pour faire tirer 160 épreuves que la ville de Marseille demande. J'ay fait remarquer à M. de Rosny que la planche avait été endommagée par le vert-de-gris, et que j'aurais pas mal à travailler pour réparer ce dommage. Cette planche a été renfermée pendant 13 ans. » Il est évident, d'après cela, que ces épreuves retouchées doivent se reconnaître par d'autres moyens que par un mot de plus ou de moins.

479 — *La Dévideuse, mère de Gérard Dow.*

Estampe gravée d'après le tableau de Gérard Dow, appartenant à M. le comte de Vence. Il représente une vieille femme assise, dévidant un écheveau sur un aspe. Épreuve avant la lettre.

480 — *La Liseuse.*

Estampe gravée en 1761, d'après un tableau peint sur bois par Gérard Dow, tableau qui appartenait alors à M. de Julienne. Il fut vendu 3,101 fr. à la vente faite en 1767, n° 162 du catalogue. L'estampe est dédiée à M. J.-M. Usteri, négociant à Zurich, et membre de l'Académie de botanique de Florence.

Très belle épreuve avant la lettre.

On lit dans les Mémoires de Wille, sous la date du 27 juin 1761 : « J'allay voir M. de Julienne aux Gobelins. Je fus fort content de lui, car, outre le bon accueil qu'il me fit, il me prêta un tableau de G. Dow, qui est très-beau, et dont j'espère faire le pendant de *la Dévi-*

deuse. C'est une vieille femme à lunettes qui lit dans un gros livre. » Puis, sous la date du 16 juillet 1762, on lit : « J'ay mis au jour *la Liseuse*, que j'ay gravée d'après G. Dow : c'est le pendant à *la Dévideuse*, que j'ai faite il y a plusieurs années. Plus de trois cents épreuves ont été distribuées le même jour. » Il avait commencé la gravure le 2 août 1761.

481 — *La Tricoteuse hollandaise.*

Estampe gravée d'après le tableau de François Mieris, qui appartenait alors à M. Lempereur, échevin de Paris et graveur lui-même. Elle est dédiée à M. Eberts, banquier, associé honoraire de l'Académie impériale des beaux-arts d'Augsbourg. Epreuve avant la lettre et avant le titre ; elles sont très-rares. Le tableau de Mieris fut vendu 3,099 fr. à la vente de Lempereur, faite en 1773.

482 — *L'Observateur distrait.*

Estampe gravée d'après un tableau de Franç. Mieris, qui était alors dans le cabinet de M. de Peters, peintre du prince Charles de Lorraine. Elle est dédiée à M. Vincent Lienau, négociant à Bordeaux. Epreuve avant la lettre, mais avec les armes. Elle a paru en mai 1767. On lit en effet dans les Mémoires de Wille, sous la date du 23 mai 1767 : « J'ay mis au jour la nouvelle petite planche que j'ay gravée d'après Mieris, sous le titre : *l'Observateur distrait.* »

483 — *Le petit Physicien.*

Estampe gravée en 1761, d'après le tableau de Gaspard Netscher, qui appartenait alors à M. Damery. Première épreuve avant la lettre, mais avec les armes. La planche a fait partie du fonds de Mme Jean.

On lit, dans les Mémoires de Wille, à la date du 15 mai 1761 : « J'allay chez M. le chevalier Damery lui rendre le petit tableau de C. Netscher, qu'il m'avait prêté pour le graver ; et mon estampe étant finie et ayant pour titre : le *Petit Physicien*, je l'ay mis au jour ce jour-là : j'ay fait la dédicace à M. le chevalier de Damery même. Je lui ai donné une de ces estampes encadrées, et douze en blanc pour les distribuer à ses amis. »

WOOLETT (William).

Graveur à l'eau-forte et au burin, né à Maidstone en 1735, mort à Londres en 1785.

484 — *Ruines d'édifices romains.*

Au milieu, on voit des arcades en ruine ; sur la gauche, d'autres ruines. Vers le bord du bas de l'estampe, il y a de l'eau, dans laquelle deux jeunes filles font avancer une chèvre : un berger assis regarde cette scène. Epreuve avant toute lettre ; les marges sont couvertes d'essai de burin.

— *La Pêche (The Fishery).*

Sur le devant, des pêcheurs débarquent leur poisson. A droite, un homme conduit une charrette ; sur un écriteau placé derrière, on lit : *Fish machine.* Dans la marge, à gauche, on lit : Richd Wright pinx^t. A droite, W. Woolett, sculpt. Belle épreuve avant la lettre.

484 *bis.* — Sous ce numéro seront vendus plusieurs lots de gravures.

TABLEAUX

DESPORTES.

485 — *Un Chien de chasse tenant en arrêt une pièce de gibier.*

DE TROY.

486 — *Portrait d'un Homme.*

Costume de la fin du xvii siècle. Cadre en bois sculpté.

LE MÊME.

487 — *Portrait d'une Femme.*

Pendant du précédent. Cadre en bois sculpté.

488 — *Douze tableaux.*

Portraits de personnages du xviii siècle, avec cadre en bois sculpté.

Ce numéro sera divisé.

89 — *Plusieurs Pastels encadrés.*

490 — Un beau Christ en ivoire.

Sous les pieds, il y a une tête de mort et des os en croix, et sur la tête une inscription, le tout en ivoire sculpté, monté sur une croix en ébène placée dans une boîte aussi en ébène, garnie en velours dans l'intérieur. Cette boîte est fermée par deux vantaux sur lesquels il y a les attributs de la Passion sculptés en ivoire.

Ce très-beau Christ est attribué à **Michel-Ange**.

491 — *Une Tabatière en écaille.*

Le dessus est une vue de Rome, dessin de Nicolle.

492 — *Une autre Tabatière en écaille.*

Le dessus représente une danse champêtre.

493 — *Trois petites Miniatures encadrées, et un petit bijou en cœur.*

494 — Une commode à trois tiroirs et dessus de marbre, garnie de filets en cuivre. — Un secrétaire, avec un tiroir dans le haut, et deux vantaux dans le bas garni de filets en cuivre. — Un autre secrétaire aussi garni de filets en cuivre. — Ces meubles sont de style Louis XVI. — Deux petites bibliothèques, dont les vantaux sont vitrés dans le haut, et un coffre en bois de noyer, propre à mettre des cartons d'estampes.

OMISSIONS

VAN DYCK

VRANCK ou FRANCK (François),

Peintre d'Anvers.

495 — Eau-forte de Van Dyck. Second état, épreuve avant la lettre.

VAN NOON (Adan),

Peintre d'Anvers.

496 — Eau-forte de Van Dyck. Second état, épreuve avant la lettre.

FICQUET (Étienne),

Graveur au burin, né à Paris en 1731, mort dans la même ville en 1794.

497 — *Portrait de Madame de Maintenon.*

Françoise d'Aubigné, marquise de Maintenon, est représentée en buste, d'après le tableau de Mignard que l'on voit au Musée du Louvre.

Belle épreuve du second état de la deuxième planche.

LIVRES

1. Abrégé de la Vie et Passion de Notre Savvevr Jésvs-Christ, avec les figvres et quelques réflections sur les principaux mystères. *Paris, chez la veufue Ioron.* Deux parties : l'une comprenant 74 gravures, l'autre 58. 1 vol., pet. in-fol., d.-rel., v.
2. Les Évangiles de Notre-Seigneur Jésus-Christ, traduction de Lemaistre de Sacy. *Paris, Dubochet,* 1837 ; gr. in-8, d.-rel., vignettes de Fragonard.
3. Vie des Saints, des Familles, ou Abrégé de l'histoire des Pères et des Martyrs, pour tous les jours de l'année, ornées de 372 gravures, d'après les plus grands maîtres. *Paris, Camus,* 1840 ; 2 vol. in-4, veau brun.
4. Cours d'Anatomie médicale, par Portal. *Paris,* 1804 ; 5 vol. in-8, br.
5. Cours de Physiologie, par Bérard. *Paris,* 1848 et suivantes. 3 vol., br.
   Précis élémentaire de Physiologie, par Magendie. *Paris,* 1816 ; 2 vol. in-8, br.
6. Nosographie chirurgicale, par Richerand. *Paris, Crapart,* 1808 ; in-8, 4 vol., br.
7. Traité médical des cataractes, par Drouot. *Paris,* 1858 ; in-8, br., et 5 vol., sur les maladies des yeux.
8. Élément de matière médicale et de pharmacie, par Bouchardat. *Paris, Baillière,* 1839 ; in-8, br.
9. Encyclopédie du dentiste, par William Rogers. *Paris, Baillière,* 1845 ; in-8, br., fig.
10. Journal des connaissances médico-chirurgicales, publié par les docteurs J. Lebaudy, A. Trousseau, H. Gouraud, années 1833-1861 ; en livraison, avec atlas.

11. Dictionnaire d'histoire naturelle, par une société de naturalistes, sous la direction de **M.** Guérin. *Paris*, 1833 ; 9 t. en 18 vol., cart., fig. coloriées.

12. Le Muséum d'histoire naturelle, histoire de la fondation et des développements successifs de l'établissement, par M. P.-A. Cap. *Paris, Curmer*, 1854 ; 2 vol. gr. in-8, d.-rel., veau, nombreuses fig. en noir et en couleur.

13. Histoire et description du Museum d'histoire naturelle, par Deleuze. *Paris, Royer* ; 2 vol. in-8, br.

14. Le Jardin des plantes, par Bernard et Couailhac. *Paris, Curmer*, 1842 ; 2 vol. gr. in-8, fig, noires et coloriées (en livraisons).

15. Le Jardin des plantes, par Boitard, illustré de nombreuses fig. *Paris, Dubochet*, 1842 ; gr. in-8, en feuilles.

16. Lettres sur les révolutions du globe, par Alex. Bertrand, cinquième édition. *Paris, Just. Tessier*, 1839 ; in-8., br.

17. Encyclopédie moderne, ou Dictionnaire abrégé des sciences, des lettres et des arts, par Courtin. *Paris*, 1829 ; 24 vol. in-8, d.-rel., et 2 vol. de pl.

18. Mémorial encyclopédique des connaissances humaines, par une société de littérateurs et d'industriels, sous la direction de MM. le vicomte de La Valette, Bailly de Merlieux et Julien. *Paris*, 1832-1845 ; 14 années, en feuilles.

19. Nouveau Dictionnaire des origines, inventions et découvertes, par Noël et Carpentier, seconde édition, revue, corrigée et augmentée, par Puissant. *Paris, James et Cotelle*, 1833 ; 4 vol., in-8, d.-rel.

20. Dictionnaire universel du commerce de la banque et des manufactures, par une société de négociants et de manufacturiers, sous la direction de **M.** Monbrion. *Paris, Pillet aîné*, 1838 ; 2 vol. gr. in-8, d.-rel., v.

21. Dictionnaire universel des sciences, des lettres et des arts, par Bouillet. *Paris, Hachette*, 1854 ; gr. in-8, d.-rel., v.

22. Dictionnaire universel d'histoire et de géographie, par Bouillet. *Paris, Hachette*, 1857; gr. in-8, d.-mar., supplément, br.

23. Le Magasin pittoresque. *Paris*, 1833; 25 vol., savoir : 8 vol. rel. en toile, et 15 vol. br. ou en livraisons; plus 2 vol. de tables, l'un publié en 1845, l'autre en 1853.

24. Le Magasin universel. *Paris*, 1833; 7 vol. in-8, rel. en toile, fig.

25. Traité de minéralogie, par Haüy. *Paris, Louis*, 1801; 4 vol. in-8, br., et atlas in-4.

26. Manuel de l'amateur d'autographes, par Fontaine. *Paris*, 1836; in-8, br.

27. Paris-Londres, keepsake français, illustré de 26 vignettes. *Paris, Delloye*, 1842; in-8, mar. rouge, tr. d.-dent.

28. Dictionnaire des beaux-arts, par A. L. Millin. *Paris, Desray*, 1806; 3 vol. in-8, v.

29. Histoire des peintres de toutes les écoles, depuis la Renaissance jusqu'à nos jours, par Charles Blanc, accompagnée du portrait des peintres et de la reproduction de leurs plus beaux tableaux. *Paris, Renouard*; 329 livraisons, contenues dans 7 cart. à dos de toile, avec médaillon sur le plat.

30. Histoire artistique et archéologique de la gravure en France, par A. Bonnardot, Parisien. *Paris*, 1849; in-8, br.

31. Histoire de la gravure en France, par Georges Duplessis. *Paris, Rapilly*, 1861; in-8, br.

32. Manuel des amateurs d'estampes, faisant suite au Manuel du libraire, par F.-E. Joubert. *Paris*, 1821; 3 vol. in-8, d.-rel., v.

33. Voyage d'un iconophile, par Duchesne aîné. *Paris, Heideloff de Campé*, 1834; in-8, br.

34. Le Peintre graveur, par Ad. Bartsch. *Vienne*, 1803; 21 vol. in-8, d.-rel.

Supplément au Peintre graveur, de Ad. Bartsch, par Rudolph Weigel, t. Ier. *Leipzig*, 1843; in-12, br.

35. Le Peintre graveur français, par M. Robert-Dumesnil. *Paris,* 1835-1850 ; 8 vol. in-8, br.

36. Le Peintre graveur français, continué par M. Prosper de Baudicour. *Paris,* 1859 ; in-8, br.

37. Manuel de l'amateur d'estampes, par Ch. Leblanc. *Paris,* 1857 ; in-8, br., pap. vél., 9 livraisons. (A. Pencz.)

38. Revue universelle des arts, par Paul Lacroix. *Paris, Renouard,* 1855-1861 ; 13 vol. in-8, br., et en livraisons.

39. Annuaire des artistes et des amateurs, publié par Paul Lacroix, avec la collaboration de MM. W. Burger, P. Chéron, Faucheux, Halévy, Horsin-Déon, etc. *Paris, V. Jules Renouard,* 1860 ; in-8, br., première année.

    Le même. *Paris,* 1861 ; in-8, deuxième année.

40. Essai d'un catalogue de l'œuvre d'Etienne de La Belle, par C. A. Jombert. *Paris,* 1772 ; in-8, v., br. ; sur les marges, il y a des annotations, additions et corrections manuscrites, par M. Robert-Dumesnil.

41. Catalogue raisonné de toutes les estampes qui forment l'œuvre de Rembrandt, par Claussin. *Paris,* 1824.

    Supplément au catalogue de Rembrandt, par le même. *Paris,* 1828 ; 2 vol. in-8, br.

42. L'Œuvre complet de Rembrandt, décrit et commenté par Ch. Blanc, ancien directeur des Beaux-Arts, première livraison. *Paris, Gide,* 1859 ; in-8, br., fig.

43. Catalogue raisonné de toutes les estampes qui forment l'œuvre d'Israël Silvestre, par Faucheux. *Paris, V. Jules Renouard,* 1857 ; in-8, br. Exemplaire en papier vergé fort, tiré à 12 exemplaires.

    Un second exemplaire en papier ordinaire, br.

    L'ouvrage est entièrement épuisé.

44. Recherches sur la vie et les ouvrages de Jacques Callot, et, à la suite, le Catalogue raisonné de l'œuvre de ce maître, par Ed. Meaume. *Paris. V. Jules Renouard,* 1860 ; 2 vol. in 8, br. Excellent travail.

45. Notice de quelques copies trompeuses, par Ch. Leblanc. *Paris*, 1849; in-8, br., fig. — Le Livre de l'exposition faite en 1673, dans la cour du Palais-Royal, suivi d'une bibliographie des livrets et des critiques de salon, par A. de Montaiglon. *Paris*, 1852; in-12, br. — Observation sur le classement des tableaux du Louvre, par Tarral. *Paris*, 1850; in-8, br. — Et 6 autres brochures sur les arts.

46. Galerie du Palais-Royal, gravée d'après les tableaux des différentes écoles qui la composent, avec un abrégé de la vie des peintres et une description historique de chaque tableau, par l'abbé de Fontenay, dédiée à monseigneur le duc d'Orléans, par Couché, graveur de son cabinet. *Paris*, 1786; 3 vol. in-fol., dos et coins de maroquin vert. Le titre est double. La dédicace gravée par Guttenberg sur le dessin de Choffard est avec l'eau-forte sans le texte, et presque toutes les épreuves sont avec les eaux-fortes.

47. Galerie du Musée Napoléon, publiée par Filhol. Le texte est rédigé par Lavallée (Joseph), dédiée à S. M. l'Empereur Napoléon Ier. *Paris*, *Filhol*, an XII, 1804; 11 vol. gr. in-8, mar. rouge, dorés sur tranche, dentelles et gardes en moire. Belles épreuves avec la lettre grise.

48. Notice des tableaux exposés dans les galeries du Musée impérial du Louvre, par Frédéric Villot, conservateur des peintures. — Première partie : Ecoles d'Italie et d'Espagne. — Deuxième partie : Ecoles allemande, Flamande et Hollandaise. — Troisième partie : Ecole Française. *Paris*, *Vinchon*; in-12, 3 vol., br.

49. Notice des estampes exposées à la Bibliothèque royale, formant un aperçu historique des produits de la gravure, par Duchesne aîné. Troisième édition. *Paris*, *Heidloff*, 1837; in-8, br. — La même. *Paris*, *de Bure*, 1823; in-12, broché. Première édition. — Histoire du Cabinet des médailles antiques et pierres gravées, avec une notice sur la Bibliothèque royale, par Marion Du Mersan. *Paris*, 1388; in-8, br.

50. Album du salon de 1841, collection des principaux ouvrages exposés au Louvre, reproduits par les peintres eux-mêmes ou sous leur direction, par MM. Alophe, Baron, Bayot, Challamel, Cicéri, Henriquel Dupont, Français, Tony Johannot, Emile Lasalle, Mouilleron, Célestin Nanteuil, Léon Noël, W. Wyld. *Paris, Challamel*, 1841 ; in-4, d.-rel., mar. r., tr. dor.

51. Catalogues d'estampes. — Catalogue raisonné de feu M. de Silvestre, par Regnault-Delalande. *Paris*, 1810 ; in-8, cart. Prix.

52. Description des objets d'art qui composent le cabinet de M. Denon. *Paris*, 1826 ; 3 vol. in-8, br.

53. Catalogue raisonné des estampes du cabinet de M. le comte Rigal, par Regnault-Delalande. *Paris*, 1817 ; in-8, v. br. Prix.

54. Catalogue d'estampes anciennes, réunies par les soins de M. F. Debois. *Paris*, 1843 ; in-8, br., prix et noms des acquéreurs.

55. Le même catalogue, exemplaire en grand papier, tiré à 50 exemplaires, avec envoi du propriétaire de la collection.

56. Catalogue des tableaux de diverses écoles, composant le cabinet du général d'Espinoy, 1850 ; in-8, br. — Catalogue des livres du général d'Espinoy. *Paris*, 1849 ; in-8, br.

57. Catalogue de la riche collection d'estampes et de dessins composant le cabinet de M. Van den Zande, par Guichardot. *Paris*, 1855 ; in-8, br. Prix. Catalogue de la bibliothèque de M. Van den Zande, 1854 ; in-8, br.

58. Le même catalogue d'estampes, exemplaire en grand papier.

59. Catalogue de la collection d'estampes anciennes du cabinet de M. H. de L. (His. de Lasalle). *Paris*, 1856 ; in-8, br. Exemplaire en grand papier, avec envoi du propriétaire de la collection.

60. Le même, papier ordinaire.

61. Lycée ou Cours de littérature ancienne et moderne, par J. F. Laharpe. *Paris, Agasse,* an vii ; 16 vol. in-8, br.

62. Le Moucheron de Virgile, compositions autographiées, par S. L. G. Norblin, d'après la traduction en vers de M. de Valori. *Paris,* 1859 ; in-fol., en livraison.

63. Les aventures de Télémaque, suivies des aventures d'Aristonoüs, précédées d'un Essai sur la vie et les ouvrages de Fénelon, par Jules Janin ; édition illustrée par Tony Johannot, Emile Signol, Seguin, Wuttier, Daubigny, etc. *Paris, Ernest Bourdin;* gr. in-8, d.-rel.

64. Don Quichotte de la Manche, par Miguel de Cervantès Saavedra, traduit et annoté par Louis Viardot. *Paris, Dubochet,* 1836 ; 2 vol. gr. in-8, d.-rel., v. Nombreuses figures.

65. Les Mille et une Nuits, contes arabes, traduits par Galland ; suivis de nouveaux contes de Caylus et de l'abbé Blanchet, avec une préface, par Jules Janin. *Paris, Pourrat frères;* 4 vol. in-8, cart., fig.

66. Le Robinson suisse, traduit de l'allemand de Wyss, par Mme Elise Voiart, précédé d'une introduction, par Charles Nodier, orné de 200 vignettes, d'après les dessins de Ch. Lemercier. *Paris, Lavigne,* 1841 ; in-8, d.-rel.

67. Paul et Virginie, par Bernardin de Saint-Pierre. *Paris, Curmer,* 1838 ; gr. in-8, d.-rel., nombreuses fig.

68. Paul et Virginie, suivi de la Chaumière indienne, par Bernardin de Saint-Pierre. *Paris, Lavigne,* 1840 ; in-8, br.

69. Voyages de Gulliver, par Swift, ornés de gravures. *Paris,* 1846 ; gr. in-8, d.-rel., v.

70. Fables choisies, mises en vers par J. de La Fontaine. *Paris, Desaint et Saillant,* 1755 ; 4 vol. in-fol.,v. éc. tr. dor., avec les figures d'Oudry. Belles épreuves ; exemplaire en grand papier. C. N. Cochin, le fils, a fait tous les traits d'après les originaux, et il a conduit et dirigé tout l'ouvrage.

71. Fables de La Fontaine, illustrées par Jules David, avec une notice et des notes, par de Walckenaer. *Paris, Armand Aubrée,* 1839 ; in-8, d.-rel., nombreuses figures sur bois.

72. La fable de Psyché, figures de Raphaël, gravées au trait, par Dubois et Marchais, sous la direction de Girodet. *Paris, Fournier*, an XI, 1803; in-4, mar. cit. dor. sur tr., dentelles.

73. OEuvres de Molière, avec les notes de tous les commentateurs, publiées par Aimé Martin. Quatrième édition. *Paris, Lefèvre*, 1845 ; 4 vol. in-12, br.

74. Dictionnaire général et grammatical des dictionnaires français, par Napoléon Landais. *Paris*, 1836; 2 vol. in-4, dem.-rel., v.

75. Dictionnaire national ou Dictionnaire classique de la langue française, par Bescherelle aîné. *Paris, Simon*, 1845; gr. in-4, 2 vol., d.-rel., v.

76. Nouveau Dictionnaire de la langue française, par Poitevin. *Paris, Chamerot*, 1850 ; in-8, en livr.

77. Abrégé de géographie physique, historique, politique, ancienne et moderne, par Malte-Brun. Deuxième édition, entièrement revue, corrigée et augmentée, par Huot. *Paris, Furne*, 1838 ; 2 vol. gr. in-8 et 1 volume d'atlas, d.-rel., v.

78. Voyage autour du monde, par Dumont-Durville. *Paris, Furne*, 1840 ; 2 vol. gr. in-8, br., fig

79. Discours sur l'histoire universelle, par J. B. Bossuet, avec 12 gravures sur acier et texte encadré. *Paris, Curmer* ; 2 vol. in-8, cart., non rognés.

80. Abrégé chronologique de l'histoire de France, par le président Hénault, revu par Michaud. Deuxième édition. *Paris, Edouard Proux*, 1840; 2 vol. gr. in-8, d.-rel.

81. Les Fastes de la nation française, par Ternisien d'Audricourt. *Paris*, l'auteur. Figures du dessin de Swebach ; in-4, d.-rel., 2e vol., v. mar., t.-dor.

82. Histoire de France pendant le XVIIIe siècle, par Lacretelle jeune. *Paris, Buisson*, 1808 ; 10 vol. in-8, br.

Histoire de France pendant les guerres de religion, par Charles Lacretelle. *Paris*, 1814 ; 4 vol. in-8, br.

83. Guide pittoresque du voyageur en France, orné de 740 vignettes ou portraits et d'une carte routière de la France. *Paris, Didot*, 1838; 6 vol, in-8, v. br., dor. s. tr.

84. France pittoresque, ou Description pittoresque, topographique et statistique des départements et colonies de la France, par A. Hugo. *Paris*, 1835; 3 vol. in-4, br., fig.

85. Louis XI et le Plessis-les-Tours, par le Ch. W. H. Louyrette et le comte R. de Croy. *Tours, Chevrier*, 1841; gr. in-8, fig., d.-rel.

86. Histoire numismatique de la Révolution française, par M. Michel Hennin. *Paris, Merlin*, 1826; 2 vol. in-4, dont 1 de planches, d.-rel., v.

87. Histoire des Girondins, par M. de Lamartine. *Paris, Furne*, 1847; 8 vol. in-8, br.

88. Les Journées illustrées de la Révolution de 1848; 99 livraisons en feuilles.

89. Histoire des villes de France, par une société de littérateurs, sous la direction d'Aristide Guilbert. *Paris, Furne*, 1850; 6 vol., in-8, fig., en livraisons.

90. Paris pittoresque, par une société de gens de lettres, sous la direction de G. Sarrut et Saint-Edme. Nouvelle édition. *Paris*, 1842; gr. in-8, 2 vol., br., gravures.

91. Histoire de Paris, par Dulaure, annotée et continuée jusqu'à nos jours, par Leynadier. Nouvelle édit. *Paris, Dufour, Mulot et Boulanger*, 1856; 8 vol., br., gr. in-8, fig.

92. Les quarante-huit quartiers de Paris, histoire biographique et anecdotique des rues, palais, hôtels et maisons de Paris, par Girault de Saint-Fargeau. *Paris*, 1846; in-4, fig., en feuilles.

93. Recueil de cent vingt et une des plus belles vues des palais, châteaux et maisons royales de Paris et de ses environs, dessinées d'après nature en 1780 (*sic*) et gravées par Rigaud. *Paris, Treuttel et Wurtz.* (En Réalité de Florenne); 1 vol. gr. in-fol., d.-mar. r.

94. Etudes archéologiques sur les anciens plans de Paris, par Bonnardot. *Paris*, 1851 ; gr. in-4, br., ouvrage rempli de recherches curieuses.

95. Dissertations archéologiques sur les anciennes enceintes de Paris, ouvrage formant le complément des études archéologique sur les plans de Paris, par Bonnardot. *Paris*, 1853 ; gr. in-4, br.

96. Plan de Paris, commencé l'année 1734, et achevé de graver en 1739, sous les ordres de messire Michel-Etienne Turgot, prevôt des marchands, etc., levé et dessiné par Louis Bretet, gravé par Lucas, écrit par Aubin ; gr. in-fol., mar. r., d. s. tr.

97. Plan de Paris en 1609, collé sur toile. En haut, il y a dans une banderolle : *Portrait de la ville-cité et université de Paris, avec les faubourgs d'Icelle, dédié au Roy* (Louis XIII). *Paris, chez Jean Leclere, rue Saint-Jean de Latran, à la Salamandre royale*, 1614. Autour, il y a des *Remarques singulières de la ville-cité et université de Paris, sommairement recueillies de bons auteurs.* On y trouve que le total de la ville-cité et université de Paris contient en mesure « mille deux cents seize arpents une perche, » de plus, « ce qui estoit commencé à clore, depuis la porte Neufue jusqu'à la porte Saint-Denis, y compris de dans les Tuiléries et fauxbourg Sainct-Honoré, contient, hors la clôture de la ville, 214 arpents. »

C'est la seconde édition du plan de Vassalieu, la première a paru en 1609, et était dédiée à Henry IV. Ce plan est aussi rare qu'il est peu exact.

98. Dictionnaire des rues de Paris et de ses monuments, par Félix Lazare. *Paris*, 1844 ; in-4.

99. Souvenirs pittoresques de la Touraine, par A. Noel. *Paris, Leblanc*, 1824 ; gr. in-4, cart. Nombreuses lithographies.

100. La Touraine, histoire des monuments, publiée sous la direction de M. l'abbé J.-J. Bourassé. *Tours, Mame et Cie*, 1855 ; in-fol., gravures noir et en couleur. Magnifique volume, mar. noir, tr. dor.

101. Histoire des ducs de Bourgogne, par M. de Barante. *Paris, Dufey*, 1837 ; 12 vol. in-8, br., et atlas en feuilles.

102. Preuve de la mission divine de l'empereur Napoléon III, par le chevalier du Saussay du Jonc. *Bruxelles*, 1858 ; in-8, dem.-mar., figures.

103. L'Italie pittoresque, tableau pittoresque et descriptif de l'Italie, par de Norvins, Ch. Nodier, Alex. Dumas, etc., orné de dessins inédits, par le comte de Forbin, Granet, Devéria, Coignet, etc. Partie nord et partie sud. *Paris, Amable Costy*, 1837 ; 2 vol. in-4, d.-rel. v.

104. Voyages historiques, littéraires et artistiques en Italie, par Valery. Deuxième édition. *Paris, Aimé André*, 1838 ; 3 vol. in-8, br.

105. Guide pittoresque du voyageur en Écosse, orné de 120 vues, par les auteurs du Guide pittoresque du voyageur en France, *Paris, Didot*, 1838 ; in-8, cart.

106. La Syrie, la Palestine et la Judée, par le R. P. Laorty Hadji. *Paris, Bolle-Lasalle*, 1853 ; gr. in-8, br., fig.

107. Voyage à Tombouctou et à Jenné, par Réné Caillé. *Paris, Imprimerie royale*, 1830 ; 3 vol. in-8, br., cartes.

108. Port-Royal, par C.-A. Sainte-Beuve. *Paris, Eugène Renduel*, 1840 ; 2 vol. in-8, br.

109. Éloges historiques, par Flourens (Descartes, Newton, Fontenelle, Cuvier, Blumembach, Geoffroy Saint-Hilaire, de Blainville, etc.). *Paris*, 1856 ; in-12, br.

110. Histoire de Mme de Maintenon et des principaux événements du règne de Louis XIV, par M. le duc de Noailles. *Paris*, 1849 ; 2 vol. in-8, br.

111. Le Poussin, sa vie et son œuvre, suivi d'une notice sur la vie et les ouvrages de Philippe de Champagne, par H. Bouchitté. *Paris, Didier et Cie*, 1858 ; in-8, br.

112. Buffon. Histoire de ses travaux, par Flourens. *Paris, Paulin*, 1845 ; in-12, br. Cuvier. Histoire de ses travaux, par Flourens. Deuxième édition. *Paris, Paulin*, 1845; in-12, br.

113. Portraits des personnages français les plus illustres du XVIe siècle, publiés avec des notices par P.-G.-J. Niel. *Paris, Lenoir*, 1848; in-fol. Ce sont des reproductions en fac-simile de dessins aux trois crayons. Livraisons 1 à 18, 23 et 24 ; en tout, 20 livraisons.

114. Portraits et histoire des hommes utiles, hommes et femmes, de tous les pays et de toutes conditions, publiés par la Société Montyon et Franklin. *Paris, Gaget et Lebrun*, années 1833 à 1841 inclusivement; 4 vol., d.-rel. v., et 2 vol., br.

115. Galerie historique des portraits des comédiens de la troupe de Molière, par Frédéric Hillemacher. *Lyon, Perrin ;* in-8, br., portraits. Avec envoi de l'auteur.

116. Cours d'archéologie, professé par Raoul-Rochette à la Bibliothèque du roi. *Paris, Eugène Renduel*, 1828; in-8, d.-rel. v.

117. Monuments antiques inédits ou nouvellement expliqués, par A.-L. Millin. *Paris, Imprimerie impériale*, 1806; in-4, 2 vol. en livraisons.

118. Précis du système hiéroglyphique des anciens Égyptiens, par M. Champollion jeune, seconde édition. *Paris, Imprimerie royale*, 1828; in-8, br. en 1 vol. et planches.

119. Pompéia, décrite et dessinée par Ernest Breton, suivie d'une notice sur Herculanum. *Paris, Gide et Baudry*, 1855, gr. in-8, br., nombreuses figures.

120. Catalogue raisonné et historique des antiquités découvertes en Égypte, par Joseph Passalacqua, de Trieste. *Paris*, 1826; in-8, br., avec deux lithographies,

121 — Sous ce numéro seront vendus quelques lots de livres.

www.ingramcontent.com/pod-product-compliance
Ingram Content Group UK Ltd.
Pitfield, Milton Keynes, MK11 3LW, UK
UKHW021923070726
13614UKWH00001B/216